PARIS, LE 12 JUILLET 1998, DÉPÊCHE DE L'AFP

La France est devenue le septième pays à inscrire son nom au palmarès de la Coupe du monde de football, après l'Uruguay, le Brésil, l'Allemagne, l'Argentine, l'Angleterre et l'Italie.

KAREMBEU
19

MATCH FRANCE-ITALIE : 0-0
Attention Di Baggio sur la barre transversale...
Et c'est terminé ! L'équipe de France se qualifie pour les demi-finales, 4 tirs au but à 3 face à l'équipe d'Italie. [...]
Oui, Barthez et les Bleus iront en demi-finale pour la troisième fois de l'histoire du football français !

MATCH FRANCE-CROATIE : 2-1

Allez ! Transversale de Zidane, côté droit, très précis par Lilian Thuram. Thuram, qui réclame du soutien, il faut venir. Voilà qui est fait avec Thierry Henry. Jarni aux prises avec Thuram qui récupère le ballon, qui frappe... C'est fait! Oui. Le but! Je pense, donc je suis, lance Thuram. 2 buts à 1 pour l'équipe de France. Quelle action et quel Thuram!

MATCH FRANCE-BRÉSIL : 3-0

Emmanuel Petit qui a frappé de la tête, et Zidane, Zinedine Zidane permet à l'équipe de France d'ouvrir le score dans cette finale de Coupe du monde. Ouais, fabuleux ! On savait de l'équipe de France qu'elle pouvait marquer, mais on ne pensait pas que l'équipe de France

pouvait être supérieure à l'équipe du Brésil au niveau des coups de pied arrêtés puisque Aldair, Junior Baiano, Cesar Sampaio sont très grands et Zidane qui a surgi pour venir couper la trajectoire du ballon et marquer d'un superbe coup de tête le premier but de l'équipe de France. [...] Quel coup de tête !

Alfred Wahl est professeur d'histoire contemporaine à l'université de Metz. Spécialiste de l'Allemagne, il est aussi l'un des premiers historiens à consacrer des recherches à l'histoire du football. Il a publié de nombreux articles dans des revues françaises et étrangères. Il est l'auteur d'une première synthèse de l'histoire du football en France : *Les Archives du football (1880-1980)* (Gallimard, 1989, coll. «Archives»). Il a publié, avec Pierre Lanfranchi, *Les Footballeurs professionnels des années trente à nos jours* (Hachette 1995).

1er dépôt légal : juin 1990
Dépôt légal : avril 2002
Numéro d'édition : 10858
ISBN : 2-07-076520-2
Imprimerie Moderne de l'Est
25112 Baume-les-Dames
Numéro d'impression: 15854

LA BALLE AU PIED

HISTOIRE DU FOOTBALL

Alfred Wahl

DÉCOUVERTES GALLIMARD
CULTURE ET SOCIÉTÉ

Les jeux de balle étaient pratiqués depuis des siècles en Europe, et même au-delà, lorsqu'ils connurent une transformation radicale en Angleterre, entre 1840 et 1860, pour donner naissance au football moderne au sein des «public schools» et des universités. Débordant ces foyers originels, le jeu pénétra ensuite dans toutes les couches sociales et devint un spectacle.

CHAPITRE PREMIER
L'ANGLETERRE, BERCEAU DU FOOTBALL MODERNE

A gauche, un joueur de balle avec son esclave sur un bas-relief du Ve siècle avant J.-C. Homère, déjà, évoque un jeu de balle pratiqué par les Phéaciens. Mais seul l'*harpastum* des Romains préfigure les jeux de balle au pied des siècles suivants.

Dans l'Europe médiévale et moderne, les jeux de balle avaient un caractère populaire et rude. Ils étaient pratiqués conformément à la tradition, sans règle écrite. A l'intérieur de ce modèle, il existait d'innombrables variantes.

Un jeu français : la soule

Répandu jusqu'au XIXe siècle en Bretagne et en Picardie, ce jeu populaire s'enracine dans les rituels communautaires de la société rurale et préindustrielle. Par son calendrier, il conserve une dimension religieuse et paroissiale dont les origines demeurent floues. La soule opposait les jeunes de deux villages voisins, ou encore les célibataires aux jeunes mariés d'une même commune. Les nobles s'y adonnaient occasionnellement : Henri II y entraîna Ronsard. Les deux camps cherchaient à déplacer chez l'adversaire la soule, c'est-à-dire une sorte de balle remplie de foin ou de son, ou faite d'osier. L'organisation était informelle. Les pratiques souples, non fondées sur des règles écrites et légitimées par la seule tradition, évoluaient lentement. Le nombre des participants n'était pas fixé, ni la durée du jeu, ni même les limites précises de l'espace.

Devant le porche de l'église du village, coup d'envoi d'une partie de soule en Bretagne, probablement au début du XIXe siècle. Deux équipes se trouvent face à face sous les yeux des jeunes filles (invisibles ici). A droite, des gentilshommes gonflent un ballon (début du XVIIe siècle).

Usant de tous leurs moyens physiques, les joueurs se précipitaient sur la soule et s'engageaient sans retenue avec les mains et les pieds afin de lui faire gagner du terrain. Tout cela sans répartition des tâches aucune; la force et l'élan seuls comptaient. Les mêlées indescriptibles alternaient avec les courses effrénées. Le jeu cessait lorsque l'une des équipes avait réussi à déposer la soule à l'endroit convenu. Les interdictions prononcées par les autorités attestent la brutalité d'un jeu dont les acteurs laissaient des éclopés sur le terrain et quelquefois des morts.

La balle au pied : un jeu traditionnel universel

La Grande-Bretagne médiévale connaissait aussi ces jeux de balle à caractère populaire : «Toi, vil footballer!» s'écrie un personnage du *Roi Lear* de Shakespeare. Les habitants de la

Cornouailles pratiquaient le *hurling* qui consistait à se livrer à des courses effrénées par monts et par vaux et même à franchir des rivières afin de déposer la balle dans le but adverse. Peu à peu, dans ce type de jeu, un début de tactique est mis en œuvre, avec répartition partielle des tâches. C'est ainsi que les flancs de chaque équipe sont encadrés de cavaliers qui cherchent eux aussi à s'emparer de la balle afin de contourner la mêlée.

Dans l'Italie de la Renaissance, à Bologne et à Florence, l'on joue au *quico del calcio*, jeu dans lequel le ballon était poussé avec le pied. Pratiqué à Pâques ou à mardi gras, le calcio est un jeu urbain qui se déroule à l'intérieur d'espaces réduits et bien délimités. Les deux lignes de fond du terrain font office de buts. Les joueurs sont autorisés à porter la balle. Distribution des tâches et esquisse de jeu collectif apparaissent sommairement : le calcio préfigure le football moderne. Les jeux de balle existaient aussi sur les autres continents : chez les Indiens d'Amérique ou au Japon, par exemple.

Le jeu de calcio pratiqué dans les cités d'Italie centrale est déjà un spectacle. En bas, joueur de ballon au XVIIIe siècle.

Les élèves des public schools anglaises adoptent un jeu moribond

Ci-dessus, partie de ballon illustrant la période de transition dans les public schools entre la pratique du jeu traditionnel et l'adoption du football association : présence de professeurs, terrain bien délimité, des buts avec barre transversale, mais jeu encore confus avec mêlées et violence; le *hacking* (coup de pied dans les tibias) semble encore en usage.

Le relâchement progressif des liens assurant la cohésion des communautés traditionnelles à la fin du XVIIIe et au début du XIXe siècle a pour conséquence la formation de nouvelles relations sociales qui n'intègrent plus les jeux de balle anciens et provoquent donc leur régression générale. En Angleterre pourtant, ils se maintiennent, grâce à leur adoption par les élèves issus des couches aisées fréquentant les public schools. Le jeu de balle y devient un loisir organisé de façon autonome par les élèves. Les parents attribuent à ces jeux violents des vertus formatrices tandis que la vacance d'autorité des maîtres, socialement moins bien situés, est mise à profit par les élèves anciens pour en faire le moyen d'exercer leur domination sur les nouveaux ou sur les plus faibles sous forme de brimades corporelles.

Dans un premier temps, et jusque vers 1830, les jeux de balle conservent leurs caractères d'origine dans les collèges : une organisation diffuse, informelle, une pratique aux règles non écrites, changeantes et évolutives. Chaque établissement se construit sa tradition propre. Il n'existe toujours pas de règles concernant la taille du terrain, la durée du jeu ou le nombre des participants. Au cours des rencontres, les tâches demeurent indifférenciées et l'engagement sans retenue. La force prime, ainsi que la spontanéité. Enfin, le rôle de la communauté est tel que l'individu n'émerge pas.

Thomas Arnold a introduit les sports athlétiques dans les public schools et fait évoluer le jeu de balle vers le football moderne. Ci-dessous, partie de ballon rond en 1858 à l'université de Charterhouse.

La «sportivisation» des jeux de balle

A partir de 1830, et sous l'influence de l'industrialisation de l'Angleterre, se déroule un processus de changement dans les public schools, qui s'accompagne d'une transformation décisive de la pratique du jeu de balle. La stabilité de la société est alors ébranlée par la montée de la bourgeoisie. Celle-ci réussit à étendre son contrôle sur les collèges qui subissent une profonde mutation conduisant à la reconstitution de l'autorité des maîtres aux dépens du système de domination en vigueur parmi les élèves. Les brimades régressent et les rapports entre les élèves sont désormais codifiés; les collèges en sortent pacifiés. Directeur du collège de Rugby entre 1828 et 1840, Thomas Arnold opère alors timidement ce type de réforme.

Cette détente favorise l'émergence d'un jeu fondé sur des règles précises, mises par écrit, ainsi que celle d'un jeu moins brutal, impliquant le contrôle sur soi propre à forger le caractère. Mais c'est la génération des directeurs de collège postérieure à celle d'Arnold qui préside vraiment à la naissance du football

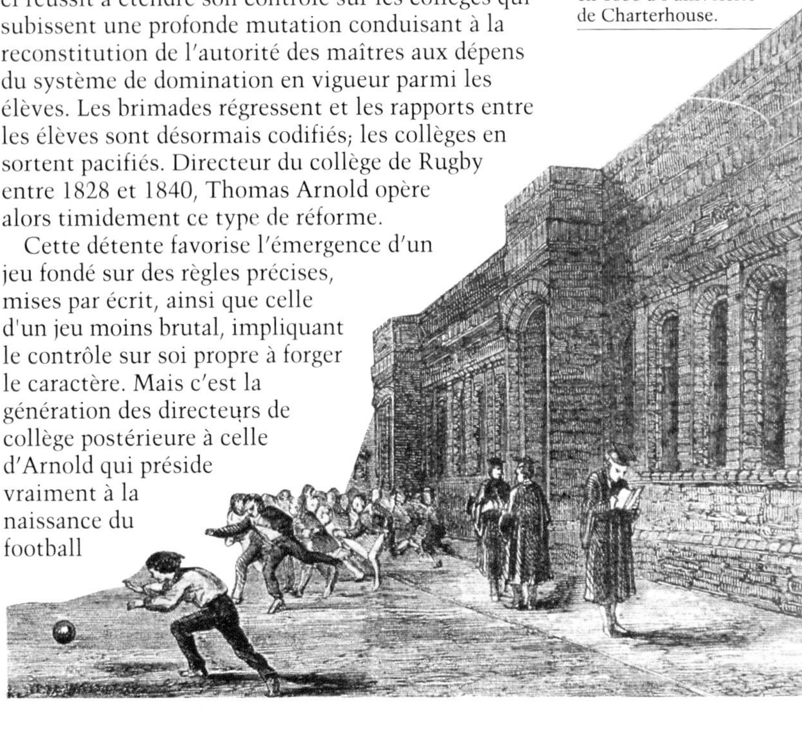

moderne sous ses deux formes : le football rugby et le *dribbling game*, futur football association. Les jeux nouveaux se caractérisent par la standardisation de la taille du ballon, la délimitation du terrain, la fixation du nombre des joueurs, la durée du jeu, etc. Désormais le contrôle sur soi s'impose, ainsi que l'accentuation du rôle individuel, tandis que l'agilité prime sur la violence.

La fondation de la Football Association

Vers 1845, les public schools optent pour la transcription des règles de leur jeu, ce qui vise à les pérenniser. Les plus anciens et les plus renommés comme Eton et Harrow choisissent alors des règles proscrivant l'usage des mains, ainsi que le coup de pied dans les tibias : c'est le dribbling game.

En 1863, un petit nombre de représentants de quelques clubs du Sud comme Eton, Westminster et Harrow se réunissent à Londres dans la Freemason's Tavern pour tenter d'harmoniser les divers règlements en vigueur afin de faciliter les rencontres. Ils décident d'adopter les règles de Cambridge et fondent du même coup une sorte de fédération : la Football Association, ou F.A. Présent également, le représentant du collège de Rugby refuse de suivre, préférant conserver le jeu à la main. Ce n'est qu'en 1871 que les partisans de ce jeu s'uniront pour fonder la Rugby Football Union, rendant ainsi la séparation irréversible entre le football association et le football rugby. Dès la fin des années 1850, une autre fédération avait vu le jour autour d'un club de Sheffield; ses règles de jeu étaient quelque peu différentes. En 1877, Sheffield s'aligne sur la F.A. L'unification des règles du jeu sera favorisée par la création, en 1871, de la Cup – la Coupe d'Angleterre – qui implique des rencontres hors des cercles de proximité.

Ci-dessous, Southampton contre Sheffield United en 1900 au Crystal Palace, le premier grand stade de Londres où s'entassent plus de 80 000 spectateurs lors des finales de la Cup au début du XXe siècle et jusqu'à la construction de Wembley au début des années 1920. Durant plusieurs décennies, Wembley sera le temple du football mondial où l'Angleterre défendra sa suprématie et son invincibilité.

Le football s'étend à l'ensemble du territoire

L'extension débute à la fin des années 1860 : elle se déroule à la fois sur le plan régional et sur le plan social, et doit beaucoup à l'instauration du repos du samedi après-midi, dès 1860 dans certains cas, au profit de la *middle class.*

De très nombreux clubs naissent autour de la paroisse, avec ou sans prééminence du ministre du Culte qui fonde des espoirs sur le christianisme du muscle. Ils sont nombreux dans les Midlands et le Nord-Est. En 1880, 25% de tous les clubs en activité appartiennent à ce type. Des grands clubs comme Aston Villa, Blackpool ou les Bolton Wanderers ont eu cette marque religieuse. Le pub est la seconde institution créatrice de clubs car il est au centre de la vie associative. Il offre le cadre pour la mise en tenue des joueurs et dispose très souvent d'un terrain. Les clubs d'entreprise apparaissent dès les années 1870 comme à Sheffield ou à Birmingham, qui en compte une vingtaine à la fin des années 1870. C'est Arnold Hills, le propriétaire de l'usine sidérurgique Thames Ironworks, qui fonde le club de West Ham. Ce sont pourtant les équipes d'employés du chemin de fer, comme celle de Manchester United, qui semblent les plus nombreuses. D'autres clubs sont directement issus des *cricket clubs* ou sont la création des jeunes des cités ouvrières. Dans la plupart des cas, l'initiative revient aux anciens élèves des collèges.

Des fédérations nouvelles se constituent à Birmingham (cinquante-deux clubs en 1882), dans le Lancashire avec trente clubs en 1878 et cent quatorze en 1886, dans le Norfolk et l'Essex en 1882, etc. Toutes ces fédérations sont centralisées par la F.A. qui fait adopter les règles uniformisées par l'International Board, fondé en 1883. En 1882, un millier de clubs sont affiliés à la F.A.

Partie de football association sur fond de paysage industriel anglais vers 1872 : une image familière de ce jeu dès les années 1870. Le jeu lui-même consiste encore à se ruer collectivement sur le ballon. On ne discerne aucune distribution des rôles, ni placement spécifique sur le terrain.

Rencontres universitaires

En 1892, Charterhouse rencontre les Old Carthusians Internationals, comme en témoigne ce tableau souvenir. Tout l'espace de jeu est occupé. Deux arrières demeurent quelque peu figés à leur poste. Le jeu a évolué. L'équipement des joueurs a une allure moderne.

Le gardien du but est autorisé à se servir de ses mains, d'abord dans une zone très limitée. Son rôle et bientôt son prestige vont grandir. Ici, il bloque le ballon avant de le dégager au pied.

THE
ROYAL ARSENAL
FOOTBALL CLUB
Founded
1886
English
League 1893
Captain David Danskin

L'introduction du professionnalisme

Les joueurs et dirigeants des premiers clubs tentent de préserver l'éthique amateur qui consiste à jouer pour le plaisir sans trop s'attacher à la victoire, à toujours manifester de la retenue et de la correction. Le jeu ne devait devenir ni travail ni exhibition devant un public formé des classes «dangereuses». Jusqu'en 1880, toutes les équipes finalistes de la Cup étaient formées d'anciens élèves des public schools. La démocratisation débute pourtant dès les années 1870, d'abord dans le Lancashire, et aussitôt c'est la pénétration de l'argent sous la forme d'indemnités ou de prix de transferts.

La domination de l'élite sociale se termine symboliquement en 1883 avec la victoire des ouvriers de Blackburn sur Eton en finale de la Cup. Les notables restent cependant présents car ils contrôlent les comités. Désormais, ils injectent davantage de subventions. Le sidérurgiste Sydney Yates donne 100 livres à son club de West Ham. Les budgets grimpent; celui des Bolton Wanderers atteint 1949 livres alors que les recettes aux guichets se limitent à 1630 livres. Le mécénat ou les loteries comblent le trou. Le professionnalisme est introduit par quelques clubs sous la forme de sociétés par actions. En 1891, Arsenal place des actions de 10 ou 20 livres auprès de huit cent soixante actionnaires. Douze clubs fondent la Football League en 1888, qui organise un championnat national mais reconnaît l'autorité de la F.A.

À gauche, l'enseigne et la sélection 1888-1889 du F.C. Arsenal de Londres, l'un des clubs les plus titrés d'Angleterre. La Cup sera l'épreuve reine durant des décennies, notamment en raison de la possibilité offerte aux petits clubs d'éliminer les grands. C'est après avoir assisté à une finale de la Cup que Henri Delaunay entreprit sa longue campagne en faveur de l'instauration de la Coupe de France. Il aura gain de cause en 1918 avec la naissance de la coupe Charles-Simon.

Du dribbling game au «passing game»

Ce sont les rencontres de la Cup qui ont conduit à l'uniformisation de la technique du jeu. Au départ, huit des onze joueurs ont vocation d'attaquer. Ce n'est qu'en 1871 que le gardien de but a le droit de se servir des mains. A partir de 1874, l'attaque ne se compose plus que de sept joueurs dont trois tiennent le poste d'avant-centre. A l'initiative de l'équipe de Cambridge, l'attaque est réduite à cinq éléments. A l'arrière apparaît le demi-centre. Cette disposition sur le terrain va gagner toutes les îles Britanniques et perdurer dans le monde entier jusqu'à la fin des années 1920.

Au départ, il s'agit surtout de dribbler; c'est l'héritage des public schools dont les anciens élèves maîtrisaient bien cette technique. Les attaquants gardent la balle le plus longtemps possible et tentent de perforer la défense composée de trois joueurs seulement. Le jeu consiste donc à rechercher l'exploit individuel au moyen de chevauchées échevelées. C'est ce qui fait la réputation des joueurs et des équipes.

Ces diverses phases des matchs Sheffield United-Tottenham Hotspur au Crystal Palace en 1901 et Angleterre-Ecosse à Glasgow en 1872

A partir du moment où les couches ouvrières sont gagnées et où les spectateurs de plus en plus nombreux veulent des résultats et pas seulement des exploits, la nature du jeu change pour évoluer vers le jeu collectif d'inspiration écossaise. Vers 1876, le jeu de passes, ou passing game, remplace le dribbling game et l'esprit collectif des ouvriers supplante ainsi l'individualisme bourgeois.

Le football anglais au début du XXe siècle

En 1905, dix mille clubs sont affiliés à la F.A. et, en 1910, celle-ci compte 300 000 licenciés amateurs. La démocratisation est alors achevée et les joueurs de l'élite se sont déjà retirés. La F.A. est toujours régie par la middle class ainsi que la plupart des comités de clubs. La Football League compte une deuxième division depuis 1892 ainsi qu'une concurrente au Sud, la Southern League (1894). La Irish League et la Scottish League datent respectivement de 1890 et de 1891.

Le professionnalisme subit les lois du marché et les transferts crèvent les plafonds en dépit des règles édictées. C'est ainsi que dès 1905 Alf Common est transféré de Sunderland à Middlesborough pour 1 000 livres alors qu'en 1907 encore le montant ne devait pas dépasser 350 livres. Les clubs professionnels s'apparentent maintenant à des entreprises et subissent leurs lois de fonctionnement.

Le football est devenu le spectacle populaire par excellence. La première finale de la Cup a été suivie par deux mille spectateurs. Ils sont dix-sept mille en 1888, quarante-cinq mille en 1893 et cent dix mille en 1901. Cet afflux, très important parce qu'il y a de nombreux derbys, nécessite la construction de stades toujours plus vastes. En attendant, on refuse fréquemment du monde. Le football est devenu, en moins de trente ans, l'un des éléments les plus vivants de la culture populaire. Les ouvriers surtout commentent quotidiennement les résultats que répercutent des centaines de journaux. Ceux de Londres sont en vente trente minutes après la fin du match grâce à l'installation sur les stades du téléphone et de cabines de presse bien aménagées.

témoignent de la première série de rencontres qui conféraient au vainqueur le titre officieux de champion du monde.

Dès les années 1870, les nombreux ressortissants britanniques présents dans le monde diffusent le football association sur le continent, jusqu'en Amérique latine et, enfin, en Asie et en Afrique. Les Anglais, puis les autochtones, fondent des associations, organisent des rencontres et mettent en place des fédérations nationales. Dans le même temps, la pratique du jeu se démocratise.

CHAPITRE II
À LA CONQUÊTE DU MONDE

Des soldats britanniques du régiment North Staffordshire jouent contre des Soudanais (vers 1896). Image insolite car la ségrégation s'est très vite imposée dans le football.

Le monde extérieur n'ignore pas longtemps le phénomène qui affecte la société anglaise.

Les Anglais, commis voyageurs du football

Ce sont les agents de l'expansion économique britannique dans le monde qui assurent la diffusion du football. Les matelots jouent sur les plages du Brésil, à Botafogo en 1874, ou à Marseille et au Portugal plus de dix ans après, attirant ainsi les regards des curieux. La pratique du jeu revêt un caractère plus durable au sein de groupes installés à demeure comme les employés de compagnies de navigation, tels ceux de la South Western Railway au Havre en 1872, ou de maisons de négoce des ports à Porto ou à Bilbao vers 1890. Le football pénètre à l'intérieur des terres par l'intermédiaire des techniciens comme les employés de la compagnie installant le télégraphe à Lisbonne ou comme ceux qui travaillent dans les mines de Rio Tinto vers 1885. A l'instar des groupes précédents, les élèves anglais des collèges continentaux finissent par associer les autochtones à leur jeu. C'est le cas dans les internats britanniques de Suisse dès les années 1860, à Buenos Aires après 1870 ou à Mulhouse en 1892.

Des continentaux introduisent aussi eux-mêmes le football dans leur pays. Tel est le cas des professeurs d'anglais qui reviennent de leur stage accompli outre-Manche avec un ballon dans leurs bagages comme

Dès la fin du XIXe siècle, la presse sportive continentale contient des annonces publicitaires qui proposent des équipements pour les joueurs. Longtemps, les fabricants anglais de ballons et de chaussures détiennent le monopole sur le continent. En France, par exemple, deux Anglais, les frères Tunmer, des joueurs du Standard A.C. d'avant 1900, fondent la plus puissante maison d'importation de chaussures, de ballons et de maillots, avant de procéder à la fabrication sur place. La vente se faisait dans la région parisienne et le Nord sur catalogue.

F. W. Nohe, futur président du Deutscher Fussballbund, Beltette de Tourcoing ou Desagnes d'Amiens. Des élèves continentaux des collèges anglais en font de même. Le football pénètre enfin par des voies indirectes : à Barcelone ou à Marseille, c'est l'œuvre de négociants suisses, déjà joueurs confirmés.

Devenu spectacle, le football fait désormais connaître ses rencontres au moyen d'affiches attractives. Il s'agit ici plutôt d'une affiche pour favoriser le recrutement de membres du club.

La conquête de la Suisse et de l'Europe du Nord-Ouest

La présence exceptionnellement nombreuse de jeunes élèves anglais dans les instituts privés suisses explique l'ancienneté de la pratique du football dans ce pays. Elle est attestée dès 1855 à l'institut du château de Lancy, à Genève, avant même la naissance effective du jeu moderne. Mais nul ne sait à quel jeu, le rugby ou le football, se livrent les élèves de l'institut de la Châtelaine, dans la même ville, en 1869. Le football reste longtemps l'affaire des seuls Anglais au sein du Lausanne Football and Cricket Club qu'ils ont fondé en 1880. En Suisse alémanique, le F.C. Saint-Gall naît en 1879, suivi en 1886 par le F.C. Grasshopper de Zurich, œuvre d'un Britannique qui s'efforce d'initier des jeunes de la ville.

La densité des relations commerciales avec le Danemark, la proximité sans doute, sont à l'origine d'une entrée précoce du football dans ce pays. Dès 1876, le premier club apparaît à Copenhague et une pratique régulière de joueurs autochtones est attestée à partir de 1878, c'est-à-dire plus tôt qu'en Suisse.

Les Néerlandais comptent aussi parmi les premiers adeptes du continent. Wim Mulier, un étudiant revenu d'outre-Manche, fonde le Haarlemsche F.F.C. après 1870. Il en est de même pour la Belgique qui connaît un jeu encore hésitant quant aux règles dans les collèges anglais de Bruges, de Bruxelles et d'Anvers dès les années 1860. Le premier club de football association est fondé en 1880 : l'Antwerp F.C.

L'Europe centrale est gagnée peu après

Les Anglais présents en Allemagne pratiquent d'abord une sorte de rugby au début des années 1870. A côté d'eux, Konrad Koch passe pour être le père du football allemand qu'il a effectivement introduit dans une école de Brunswick en 1874. Le jeu s'étend selon diverses modalités. A Cassel, par exemple, les jeunes

En haut, les supporters du Royal Daring-Club de Bruxelles défilent avant la rencontre. C'est en Belgique que sont nés, au cours des années 1920, les premiers clubs de supporters du continent. Ils gagneront ensuite le nord de la France.

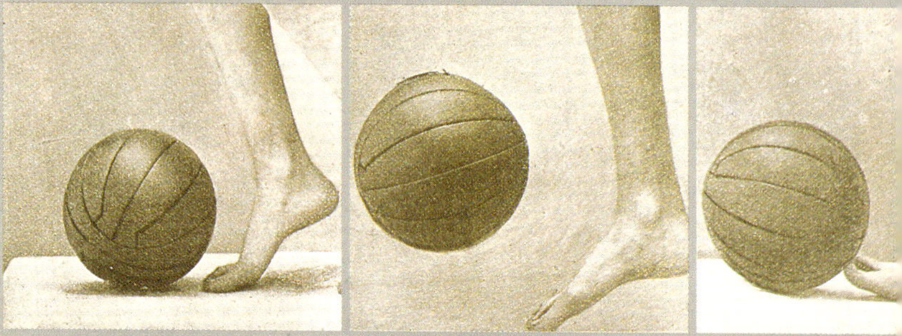

Le football à la Belle Epoque

Au début du siècle, l'équipe de patronage, l'Etoile des Deux Lacs, jouait sur un terrain entre les deux lacs du Bois de Boulogne. La bicyclette a facilité dès l'origine les rencontres entre des équipes de quartiers ou de villages différents. Initiation au tir : il est recommandé de frapper le ballon avec le coup de pied et non avec la pointe. Page suivante, il s'agit là d'une partie de football-rugby et non de football-association : à l'époque on confondait souvent les deux...

21. RA

IILLET — Foot-ball dans le parc
ELD

Le football gagne l'Europe du Sud et l'Amérique latine

A cause de leur omniprésence dans ce pays, les Britanniques ont eu un rôle exclusif au Portugal, mais pas en Espagne, ni surtout en Italie où œuvrent les Suisses. Le ballon de football arrive à Lisbonne avec les employés d'une compagnie du télégraphe et à Porto avec ceux des maisons de négoce de vin. En Espagne, le jeu reste d'abord confiné au sein de quelques colonies britanniques. En 1894 pourtant, un club naît à Bilbao qui compte des joueurs locaux. A Barcelone, par contre, sur la côte orientale, c'est le Suisse Gomper qui est l'importateur.

Le cas italien est encore différent. Tout commence tardivement, après 1895 seulement, même si l'on avait signalé auparavant quelques parties organisées par des marins anglais dans les ports du sud. Ce sont les jeunes lycéens qui donnent l'exemple. Mais en Italie, c'est le mouvement associatif traditionnel qui prend le relais : au nord et jusqu'en Romagne, les sociétés de gymnastique et, au sud, les cercles sportifs de l'élite sociale comme le Cercle nautique de Naples.

Importé très tôt au sein des colonies britanniques d'Amérique latine, le football y touche tardivement les autochtones. On joue dès 1870 en Argentine, au sein du Cricket Club de Buenos Aires, puis à nouveau dans des collèges anglais vers 1890. Toutes les rencontres ne concernent que des clubs anglais. Au Brésil aussi, il faut attendre 1900 pour voir naître des associations locales alors que des compétitions entre Britanniques existaient depuis 1890.

Le football continental est d'abord une pratique élitiste

Sur le continent, l'adoption des sports anglais traduit une volonté d'affirmer un style de vie moderne et aristocratique à la fois. Leur pratique revêt un caractère distinctif dans la société de la fin du siècle. S'y ajoute l'anglomanie que rejettent pourtant les pionniers allemands. Le football attire encore les aristocrates belges comme de Laveleye ou

L'équipe du Nacional de Montevideo (ci-dessus), club vainqueur de la coupe d'honneur en 1905. Ci-contre, un match au vélodrome de Bonanova à Barcelone en 1894. A cette date, c'est le vélodrome qui est l'espace essentiel, en raison de la popularité et de la fréquence des courses sur piste. Les clubs de football en ont profité pour s'approprier l'espace central non utilisé par les cyclistes.

del Club
de Football
de Honor 1905.
1908
Votre Manuel

d'Oultremont, alors que ceux de France le rejettent pour cause de professionnalisme en Angleterre. Partout dominent les fils de la grande bourgeoisie. A Prague, vers 1890, les parents des joueurs viennent en équipage pour voir évoluer leur fils. En 1896, l'ambassadeur de Grande-Bretagne est sur le bord de la touche et l'industriel Wärndorfer sur le terrain. A Hambourg, en 1884, l'élite du négoce se doit d'avoir ses fils dans l'équipe locale. La règle ne souffre pas d'exception, de Saint-Pétersbourg jusqu'au Brésil où le football est l'affaire de l'élite blanche. Au bout de quelques années, les anciens lycéens continuant de jouer, ils élèvent la moyenne d'âge. Les pionniers sont devenus des juristes, des administrateurs ou des journalistes réputés. A la fin du siècle, l'équipe de Graz comporte une majorité de médecins. Vers 1910, les employés de commerce allemands réussissent à pénétrer les associations. Souvent anglophones, libérés par l'instauration du repos du dimanche, célibataires prolongés, ils aspirent à fréquenter l'élite sociale.

L'Anglais Herbert Kilpin (ci-dessous), fut l'un des fondateurs du Milan A.C., pour lequel il dessina lui-même l'équipement : casquette et maillot à rayures noires et rouges, short blanc et chaussettes noires à bandes rouges.
A gauche, un autre grand sportif, le baron belge de Laveleye, qui fut vice-président de la F.I.F.A. de 1909 à 1921.

Le développement du mouvement associatif

La généralisation de l'idée que le sport contribue à préparer une jeunesse plus saine stimule l'essor du

mouvement sportif associatif. Dès 1890, Guillaume II encourage l'action du Comité central pour la promotion des jeux créé au sein du gouvernement de Prusse. Ailleurs, comme en France, les incitations sont d'ordre privé, sous forme de comités, tel celui de Coubertin. Des législations plus libérales sur les associations, comme celle de 1901 en France, simplifient les formalités et autorisent la multiplication des clubs. Le départ est lent; les fondations relèvent d'initiatives individuelles de quelques pionniers qui agissent à l'instar de prosélytes. Le rôle des Britanniques reste sensible partout, bien au-delà du début du XXe siècle.

Dès 1904, les principales villes d'Allemagne ont leur club de football avec parfois deux ou même trois équipes, soit au total cent quatre-vingt-quatorze associations affiliées à la première grande fédération, le Deutscher Fussballbund (D.F.B.) et plus de neuf mille membres. Le véritable bond en avant survient à la veille de la guerre : plus de deux mille associations et près de deux cent mille membres en 1914. La Belgique compte vingt et un clubs en 1898 et soixante et un en 1906, la Suisse vingt en 1900 et cent quatorze en 1917. En 1896, il y a vingt-cinq équipes dans la seule agglomération parisienne et en 1903-1904, le football dépasse le rugby en France. Ces associations se caractérisent encore par une très grande instabilité. Scissions et restructurations se succcèdent.

Le début des compétitions et la suprématie britannique

Les clubs continentaux ont encore un caractère omnisports. Les rares matchs ont lieu en automne et au printemps sur des terrains précaires où les joueurs installent eux-mêmes les poteaux de but pour l'occasion. La tenue, revêtue sur place ou dans un méchant local d'un café voisin, s'uniformise, même si l'on coupe encore un vieux pantalon aux genoux. Le couvre-chef disparaît vite, sauf pour la photo inaugurale. Les rencontres ont un caractère amical sans calendrier régulier. En Autriche, la compétition annuelle se limite à trois matchs en 1894. Le First

La casquette à visière et à pompon, d'origine britannique (*cap*), que porte le Français Beauvin (ci-dessous), atteste de l'influence des collèges anglais sur les pionniers du football continental. Aujourd'hui encore, les supporteurs anglais se comptent au nombre de casquettes, et non de maillots.

Le football féminin connaît une première période faste vers la fin du XIXe siècle, lorsque des joueuses vêtues de culottes bouffantes s'affrontaient sous les yeux de milliers de spectateurs. Un championnat de France se déroule au cours des années 1920 avec des équipes de Reims, Quevilly et Paris, sous l'égide de fédérations spécifiques. Douze mille personnes assistent au match France-Angleterre au stade Pershing, à Paris, en 1920. Le football féminin déclenche une polémique; les uns gémissent sur les foyers désertés, les jambes mises à nu; les autres rétorquent que les femmes ont accompli des tâches d'homme durant la guerre et qu'elles sont libres de choisir un sport. Le jeu disparaît presque totalement vers 1930 mais reprend après 1960. Reims remporte un tournoi mondial en 1979. A cette date, on recense dix-huit mille licenciées en France, alors que le Danemark, par exemple, dont la population est dix fois moindre, en compte vingt-sept mille.

Vienna en joue neuf en 1895-1896 et treize en 1897-1898. A Paris, un tournoi annuel oppose les trois équipes formées avant 1893. Au tournant du siècle, le vainqueur du tournoi parisien affronte le vainqueur de celui de Normandie ou du Nord : une esquisse de championnat de France.

Des rencontres internationales opposent très tôt des clubs. C'est ainsi que Karlsruhe bat Liège en 1888 par 7 à 0 et l'emporte aussi sur Prague et Vienne. Mais Copenhague bat à deux reprises l'autre bonne équipe allemande, Hambourg, en 1897-1898. La sélection danoise qui bat une sélection française par 17 à 0 en 1908 est bien la meilleure du continent. Battue par la Belgique par 7 à 0 en 1905, la France se situe loin derrière les pays du nord-ouest.

Il est interdit de faire un croche-pied vol-taire à son adversaire.

Le croche-pied est contraire à l'esprit du fair-play; il est sanctionné par un coup franc.

Très recherchées, les rencontres avec des Britanniques révèlent la suprématie de ceux-ci. En 1899, Oxford écrase le First Vienna par 15 à 0 et 13 à 0 malgré ses Anglais. En 1906, la France subit le même sort devant les amateurs anglais par 15 à 0. Quant à l'Allemagne, elle encaisse deux défaites contre le maître en 1899 : 13 à 2 et 10 à 0.

Un football encore très fruste

Les premières rencontres offrent bien des traits du rugby pratiqué d'abord sur le continent ou parfois simultanément par les mêmes athlètes. Tous les joueurs, à l'exception du gardien et des arrières, se précipitent sur le ballon pour le dribbler vers le but. Ce qui donne des mêlées confuses à proximité des buts, jusqu'à ce qu'un arrière dégage le ballon d'un grand coup de botte, en chandelle, qui ravit les rares curieux. Le jeu de passe est ignoré. Tous sont obnubilés par l'interdiction de se servir des mains et se montrent attentifs à coller les bras au corps. C'est ce que l'arbitre surveille de plus près. Au cours de la période suivante, vers 1900, les joueurs ont mission de garder leur place : les arrières demeurent figés devant le but et les cinq avants restent en ligne quoi qu'il arrive. L'engagement est intense. Comme au rugby, l'on donne de puissants coups d'épaule. En 1899, le match First Vienna contre le Cricket est interrompu par suite de blessures successives dont une clavicule cassée. Aussi la surprise est-elle grande lorsque les équipes venues d'outre-Manche jouent de l'intérieur ou de l'extérieur du pied pour faire des passes latérales et courtes ou dévient avec précision la balle de la tête et virevoltent autour de leurs adversaires statiques. Mais les continentaux veulent apprendre.

Rencontre Allemagne-Angleterre à Leipzig le 9 avril 1902 (ci-dessous) : une sélection amateur d'Angleterre (tenue rayée) qui l'emportait sur toutes les équipes nationales.

Une atmosphère festive et conviviale

Le réseau des clubs induit un renouvellement de la vie associative au sein de l'élite urbaine. Déjà

l'anniversaire de la fondation est l'occasion de réceptions comme à Leipzig en 1900, pour les trois années d'existence du club. Au début, l'enjeu sportif ne prédomine pas vraiment. Les rencontres s'apparentent à des manifestations festives et constituent un moyen de nouer des liens amicaux. Ce qui entoure le match compte autant que le score final. En 1894, les joueurs et les amis d'un club de Berlin accueillent leurs futurs adversaires de Brême à

la gare en fanfare, dès la veille du match; ils les conduisent à l'hôtel où des discours sont prononcés avant et pendant le banquet, lequel se prolonge tard. Le lendemain matin, c'est la visite de la ville,

assurément fatigante. A peine a-t-on le temps de se mettre en tenue pour la rencontre. Des toasts concluent la journée avant le retour collectif à la gare où retentissent des adieux démonstratifs. L'extension ultérieure du jeu à toutes les couches sociales donnera naissance à des communautés nouvelles parmi les déracinés des villes industrielles. Les joueurs y trouveront la solidarité et la convivialité, et donc une possibilité d'insertion sociale.

En recomposant des identités collectives, le football contribue à donner un nouvel équilibre aux sociétés industrielles modernes.

Les spectateurs britanniques plus que d'autres ne rechignent pas à braver la pluie et le froid dans les stades découverts, ce qui les rapproche encore davantage des joueurs issus des mêmes milieux sociaux qu'eux. Ils savent aussi devenir des acteurs enthousiastes. La finale de la Cup, ici entre West Ham et Bolton Wanderers en 1923 à Wembley, est l'occasion d'une grande fête populaire.

La naissance des fédérations nationales

Afin de faciliter les rencontres entre les équipes, l'idée s'impose de fonder une organisation coordinatrice : la fédération. Le Danemark et les Pays-Bas suivent l'exemple anglais dès 1889. La fédération suisse naît en 1895; incapable d'abord, avec seulement onze clubs, d'organiser une compétition, elle sollicite un temps son admission à la F.A.

En France, les clubs régissent des pratiques sportives multiples et la première fédération, l'U.S.F.S.A. (Union des Sociétés Françaises Sportives et Athlétiques), née en 1889, précède l'arrivée du football. Elle n'admet ce jeu qu'en 1894, après une menace des clubs anglais de s'organiser à part. Apparaissent ensuite la Fédération des patronages et la Ligue (L.F.A.) réservée aux seuls footballeurs. L'autonomisation et l'unité n'interviennent qu'en 1919 avec la naissance de la F.F.F.A. La Belgique suit d'abord le modèle omnisports français. Mais à partir de 1912, l'Union royale belge des sociétés de football association (U.R.B.S.F.A.) instaure l'autonomie du football.

En raison de la structure politique du Reich, la fédération allemande naît tardivement, après avoir réalisé la fusion des organismes régionaux. En Autriche, ce sont des crises qui retardent la constitution d'une seule fédération (1904). La Russie suit en 1912 seulement. Au Brésil, c'est l'immensité du territoire qui empêche la formation d'une fédération unique avant l'entre-deux-guerres.

L'U.S.F.S.A. a été fondée par Georges de Saint-Clair. Au départ, cette fédération comprenait les deux clubs parisiens, le Stade français et le Racing Club de France. Elle était hostile au football association pratiqué par des ouvriers anglais et, qui plus est, par des professionnels.

Centralisation et bureaucratisation

L'organisation de compétitions nombreuses et régulières, l'adoption de règles uniformes, nécessitent une bureaucratisation croissante. Des comités se forment,

Arrières protégeant le gardien du but.

répondant aux exigences de la législation sur les associations comme celles de France (1901) ou de Belgique (1921). Des statuts sont élaborés qui régissent la vie interne du club. L'établissement de classements conduit les fédérations à contrôler les joueurs au moyen d'une licence, véritable carte d'identité.

Il en découle un mouvement de centralisation. La F.F.F.A. exerce sa tutelle sur des ligues régionales qui régissent le jeu à leur niveau. De nombreuses commissions surgissent au sommet des fédérations, attestant ainsi l'extension de leur domaine de compétence. En 1900, l'U.R.B.S.F.A. compte un comité exécutif, un comité d'appel ainsi qu'un comité sportif et un autre d'arbitrage. Des commissions spécialisées régentent les finances, contrôlent l'amateurisme, les assurances, les sélections et tranchent de questions de droit. On note un véritable dessaisissement de la justice de l'État qui laisse les fédérations juger, sanctionner et surtout absoudre les actes de violence commis sur le terrain et ayant entraîné des blessures. La justice fédérale prend aussi des décisions privatives du droit de jouer.

L'équipe du F.C. Liège (ci-dessus), premier champion de Belgique en 1895-1896. Gagnés plus tôt par le jeu, les Belges préservent longtemps leur supériorité sur la France. Après 1918, les « Diables rouges » et l'équipe de France se rencontrent tous les ans à l'occasion du 11 novembre, en souvenir des nombreuses rencontres franco-belges qui se sont déroulées durant la Grande Guerre, à l'arrière du front, entre les soldats des deux armées alliées.

Comme en Grande-Bretagne, le jeu se démocratise

Hors des îles Britanniques, le football demeure une manie bourgeoise bien au-delà de 1900. Ensuite, le glissement social devient aussi la règle. Si certains clubs comme le Racing Club de France restent fermés, d'autres acceptent volontiers des joueurs issus des classes inférieures, dès lors qu'il s'agit d'éléments de valeur. Parallèlement se forment des équipes des quartiers populaires qui jouent à l'écart des fédérations un jeu dit «sauvage». En réalité, les jeunes ouvriers manquent de disponibilité, sont soumis à des tâches pénibles et craignent les blessures, synonymes de perte de l'emploi. Cependant, le vote des lois sociales à l'ouest va hâter l'évolution. C'est ainsi que dans la Ruhr, le F.C. Schalke 04 compte, entre 1904 et 1913, vingt-deux mineurs, quinze ouvriers, cinq employés ainsi que deux indépendants. Dans le nord de la France, le négociant en laines, Raymond Dubly, assure, après 1918, la fusion des classes sur le terrain. A partir de 1920 déjà, les grands noms viennent des couches populaires. L'itinéraire de certains confine au mythe :

Cette rencontre entre l'U.S. Clichy et le Gallia club en 1904 illustre le début de la démocratisation du football association. La guerre de 1914-1918 y a beaucoup contribué. Il est vrai qu'un match peut symboliser la guerre : les joueurs attaquent ou défendent, donnent la charge, occupent le terrain de l'adversaire... La presse sportive évoque la vaillance au front des joueurs connus.

Les Anglais jouent durant les moments de repos, une fois le front stabilisé. Grâce à des appels dans la presse, les ballons affluent sur le front français. Par contre, du côté allemand, la pénurie de ballons devient vite aiguë. Des sélections des trois alliés de l'ouest s'affrontent. Les ruraux découvrent le football.

c'est le cas de Kopa, le petit galibot ou de Garrincha, le Brésilien disputant des matchs, pieds nus sur des terrains vagues de la banlieue de Rio.

Les facteurs de diffusion du jeu

L'extension de la pratique découle aussi de facteurs indépendants de la volonté des dirigeants. L'attractivité du football doit beaucoup à la possibilité de varier les rencontres et donc aux progrès des moyens de transport au XXe siècle. Dès la fin des années 1920, la géographie de la pratique recouvre celle du réseau ferré; une gare, un terrain de football : telle est alors la règle. Le jeu n'atteindra les communes rurales situées à l'écart qu'avec

l'avènement de l'autocar. Jusque-là, les équipes de village avaient la possibilité de se déplacer en bicyclette, mais l'aire géographique de la compétition avait alors un horizon limité.

En Angleterre, l'école a beaucoup contribué à cette extension. En 1928, six mille écoles faisaient partie de l'English School F. B. Association. Elles seront huit mille en 1948. Dans la seule ville de Sheffield, cent soixante clubs scolaires participent à un championnat en 1930. Le développement du football d'entreprise, du football ouvrier et des clubs confessionnels attire de nouvelles couches.

Le Petit Parisien (page suivante) apporte son concours pour l'organisation d'un tournoi à Paris à l'occasion de l'Exposition coloniale de 1931. Dès le début apparaissent des liens étroits entre le football et la presse spécialisée ou non. Les premiers grands dirigeants sont aussi des journalistes : Henri Delaunay, Charles Simon, Frantz Reichel (*Le Figaro*) ou Robert Guérin (*Le Matin*), etc. Ce sont aussi les journaux qui offrent les coupes. La Coupe de France est instituée avec l'appui de *Lectures pour tous*.

Joë Bridge
GRAND TOURNOI INTERNATIONAL
DE FOOTBALL
de l'Exposition Coloniale
AVEC LE CONCOURS DU JOURNA
Le Petit Parisie
et
EXCELSIOR
organisé par le
RACING CLUB DE FRANCE, à la Piste municipale du Bois de Vincenne
du 6 au 14 Juin 1931
Réunions les 6, 7, 8, 9, 11, 13 et 14 Juin

7 Nations engagées (Equipes championnes)
ANGLETERRE (Wolven Football Club);
AUTRICHE (First Vienna);
BELGIQUE (Antwerp);
ESPAGNE (U. S. Santander);
FRANCE (Club Français);
— (Racing Club de France);
SUISSE (Urania de Genève);
TCHÉCOSLOVAQUIE (Slavia de Prague)
Les Ateliers Joë BRIDGE Paris

A partir des années 1920, la montée de la presse sportive amplifie l'attrait du jeu à un moment où la déchristianisation libère une partie de la jeunesse.

Au total, la croissance est spectaculaire : cent vingt et un clubs en Belgique en 1910, mille six cents en 1940 et vingt fois plus de joueurs, trente mille joueurs en France en 1922 et un million huit cent mille en 1987.

Le football se mondialise après 1920

C'est le colon qui introduit le football en Afrique et en Asie; ce qui explique la précocité de sa pratique dans les possessions britanniques. Elle débute dès 1903 en Côte de l'Or. Après 1918, elle se généralise en Egypte. Au Congo belge, les premières équipes voient le jour en 1912. Elles sont plus tardives dans les colonies françaises; cependant, le Maghreb est gagné au cours des années 1920. En Ethiopie, ce sont des Italiens et des Arméniens qui jouent les premiers, en 1924. Au Congo belge, les vingt clubs d'Européens ne jouent qu'entre eux. Si la ségrégation est la règle, les

La photographie ci-dessus, qui immortalise une phase endiablée de la rencontre jouée, en 1899, sur la plage de Botafogo, est le plus ancien témoignage que nous ayons du succès du football en Amérique latine. Ci-dessous, des joueurs de l'Etoile des deux lacs en 1914 : deux ans plus tôt, ce club parisien était devenu champion de France en battant le Red Star.

instituteurs et surtout les missionnaires laissent jouer les jeunes Africains; ceux-ci forment des équipes qui, en s'affrontant, attisent parfois les vieilles rivalités tribales. Puis les fédérations indigènes naissent et organisent leur championnat propre. La popularisation est en bonne voie. A Léopoldville, il y aura soixante clubs en 1945 contre quatre en 1919. Bientôt les meilleurs joueurs sont attirés par la métropole.

L'indépendance conduit les nouvelles fédérations nationales à adhérer à la F.I.F.A. En 1970, le Maroc accède à la phase finale de la Coupe du monde; le Cameroun et l'Egypte seront présents en 1990 en Italie. Le football africain offre des particularités que des entraîneurs européens tentent, peut-être à tort, de modifier. On joue en Chine et aux Philippines avant 1914 et en Thaïlande peu après 1918. Mais le football asiatique est plus tardif. Il connaît une belle ascension dans les pays arabes et en Corée.

Equipe africaine des années 1920-1930. Comme en Amérique latine il y a quelques décennies, c'est parmi la jeunesse misérable des bidonvilles qui cernent les villes d'Afrique du Nord et d'Afrique noire que le football connaît aujourd'hui une nouvelle expansion. Des foules immenses suivent les rencontres avec une passion telle que certains Etats se trouvent confrontés à des problèmes d'ordre public. Le gouvernement algérien a déjà dû supprimer momentanément les compétitions. L'avenir du football se situe peut-être en Afrique où le nombre des licenciés continue d'augmenter.

La Fédération internationale de football

Devant le désintérêt britannique, ce sont des continentaux qui fondent la F.I.F.A. en 1904 : le Néerlandais Hirschmann et le Français Robert Guérin, qui en devient le premier président. La

F.I.F.A. décide de reconnaître une seule fédération par pays : elle est d'abord un moyen pour les fédérations adhérentes de s'assurer le monopole de la pratique dans leur pays; sans affiliation à la F.I.F.A., impossible désormais de rencontrer des clubs étrangers. Présidée par Jules Rimet de 1921 à 1954, la F.I.F.A. a connu un développement comparable à celui de l'O.N.U. Installée à Zurich, elle contrôle cent cinquante fédérations nationales en 1984, soit cinquante-deux millions de joueurs. Après un temps d'hésitation, la F.I.F.A. s'aligne sur les règles en vigueur dans le concert des nations et rejette les candidatures des fédérations de nations, comme la Bohême, qui ne forment pas un Etat indépendant. Robert Guérin avait aussi projeté l'organisation d'une compétition internationale sous l'égide de la F.I.F.A. Elle se déroule d'abord dans le cadre des jeux Olympiques dont la F.I.F.A. réussit bientôt à contrôler le tournoi de football, avant de réussir à mettre sur pied le sien propre. La première Coupe du monde a lieu en 1930.

A gauche, Carl Anton Wilhem Hirschmann, secrétaire général de la fédération néerlandaise qui fit les premières démarches auprès des Anglais pour tenter, en vain, de les convaincre de fonder une fédération internationale. A droite, Robert Guérin, secrétaire général de l'U.S.F.S.A. ; il a organisé la réunion constitutive de la F.I.F.A. en 1904, à Paris. Ci-dessous : l'emblème de la F.I.F.A. dans le défilé d'ouverture du Mundial à Mexico en 1986.

Deux fois vainqueur du tournoi des jeux Olympiques, en 1924 et 1928, l'Uruguay organise la première Coupe du monde de football en 1930 dans le cadre de la célébration du centenaire de son indépendance. Le football doit contribuer à mieux faire connaître ce petit pays d'Amérique du Sud. Quatre équipes européennes seulement s'embarquent sur le *Conte Verde* à Villefranche-sur-Mer le 19 juin 1930 : celles de Belgique, de Roumanie, de Yougoslavie et de France. Les joueurs font de la culture physique sur le pont durant la longue traversée. La finale a lieu au stade du Centenaire et oppose l'Uruguay à l'Argentine; les premiers gagnent par 4 à 2, ce qui occasionne de graves incidents le lendemain à la frontière entre les deux Etats.

Les règles du football, fondées sur l'universalité et sur des modifications limitées, sont simples. Elles conditionnent la nature du jeu dont les pionniers ont tenté de préserver le caractère distinctif. Mais comme il devient le moyen d'atteindre des objectifs, la préparation ainsi que la recherche technique et tactique en modifient la pratique.

CHAPITRE III

VERS LE JEU MODERNE

Le jeu de tête est un art bien maîtrisé par les Britanniques; ils axent volontiers leur jeu sur le débordement par les ailiers, qui centrent devant le but à destination de la tête de l'avant-centre. Il revient au gardien d'anticiper.

La victoire du football s'explique notamment par la simplicité des règles qui le régissent.

Les règles du jeu et leur évolution

Les Anglais, qui exportent le football hors de l'île avant 1885, imposent les règles édictées chez eux. Elles ne sont alors ni achevées, ni même unifiées. Les continentaux les acceptent, même si, ici ou là, comme en Allemagne avec Konrad Koch, des tentatives ont lieu pour nationaliser le jeu et pour faire barrage à l'anglomanie. Les premières fédérations qui se mettent en place, en Belgique et en Suisse, se préoccupent aussitôt d'inscrire dans leurs statuts les règles britanniques de l'International Board de 1886. En France, l'U.S.F.S.A. en assure la diffusion dès 1893. Comme les continentaux tiennent à jouer contre les Anglais, cette solution s'impose. La F.I.F.A. emboîte le pas elle aussi.

Les arbitres sont d'abord mal informés et peu qualifiés. Sur l'aire de jeu, ils hésitent et palabrent avec les capitaines. La situation est pire chez les joueurs qui confondent volontiers rugby et football et se permettent de charger brutalement ou de décocher des coups de pied dans les tibias. Un changement décisif se produit en 1925 lorsqu'une nouvelle règle du hors-jeu est édictée. Désormais un attaquant est hors jeu s'il n'y a plus qu'un seul joueur de champ entre lui et le gardien au lieu de deux auparavant.

Le football, une école de vertu ?

L'élite sociale concevait le terrain de football comme une sorte d'espace préservé où régnerait un esprit idéal. Le joueur était tenu d'avoir un comportement plein de retenue et de noblesse. A ce propos, la presse évoque complaisamment l'équipe universitaire anglaise, les Corinthians, et leur jeu tout en subtilité,

Carton jaune : l'arbitre signale une faute grave; carton rouge : c'est l'expulsion.

sans brutalité et sans contestation de l'arbitrage.

A lire la presse sportive du début du siècle, on pourrait s'imaginer que la finalité éducative du jeu était primordiale. Le football devait être le vecteur d'une action morale et forger le caractère, l'esprit de solidarité, la volonté et le courage. On espérait même que les spectateurs allaient intégrer ces vertus par le simple fait de les observer sur le terrain.

En mettant l'accent sur le fair-play britannique, journalistes et responsables fédéraux voulaient insister sur la nécessité pour les jeunes de demeurer loyaux et courtois sur le terrain et de transposer ces vertus dans la vie courante; le sport et la vie devaient s'identifier. Le fair-play britannique devint un mythe bien au-delà des limites du milieu du football. Cependant, la réalité est presque toujours autre. Comment le football aurait-il pu se développer à l'écart des règles qui régissent la vie contemporaine? L'augmentation des enjeux fait vite passer au second plan l'esprit d'origine. Que peuvent bien valoir les rappels rituels à se montrer fair-play alors que simultanément l'on prône le football-combat et l'équipe-commando?

Le rituel destiné à imprimer un caractère fair-play à la rencontre : les capitaines se serrent la main.

L'entraînement se perfectionne

Le football continental prend rapidement les caractères de celui d'outre-Manche : montée des enjeux, volonté de gagner à tout prix. En conséquence, la nécessité s'impose de progresser et de produire une élite. Pour améliorer le rendement de l'équipe, il est fait appel à un entraîneur, très souvent anglais, auréolé du titre de technicien et qui détrône le capitaine. Il impose une préparation physique qui deviendra quotidienne chez les professionnels d'aujourd'hui. L'hygiène sportive est d'abord empirique et l'hygiène alimentaire fondée

Le ballon arrive à ras de terre, lancé avec force; pour assurer son arrêt, l'on se précipite à genoux et on le bloque des mains et des jambes.

Le ballon vient dans le coin du but; le gardien de but, par une glissade rapide à plat ventre, bloque avec les mains le ballon contre le poteau.

Le but est menacé de près; d'un poing tendu en avant, le gardien empêche de venir sur lui, de l'autre il dégage d' violent coup de poing de volée.

Pour être Gardien de but

S'il est une place qui demande du sang-froid et de l'expérience, c'est, sans conteste, au football-association celle de gardien de but. Au début d'une saison qui s'annonce passionnante, il sera agréable, croyons-nous, pour les fanatiques de plus en plus no breux du ballon rond, de connaître l'avis d des meilleurs « goal-keepers » de Fran T'Kint, du Racing Club de France, qu bien voulu poser devant notre objectif.

◆ ◆ ◆

Mon vieil ami John Forter est un homme de trente à trente-deux ans, solide, râblé, bien posé sur ses jambes, les bras musculeux, la tête d'aplomb sur les épaules. Tous les sports, il les a pratiqués successivement. Il marche, court, nage, cycle, tennise, golfe, automobilise. Partout où il a trouvé moyen de faire fournir à son corps un effort nouveau, partout où il a trouvé occasion de faire preuve d'habileté ou d'adresse, partout où il y avait à montrer du sang-froid, de l'à-propos, il a été.

Avec lui, j'ai escaladé les Alpes, traversé des crevasses, gravi des pentes de glace; avec lui, j'ai été loin, loin de la plage, vers la haute mer, insoucieux des appels de trompe affolés du maître baigneur rappelant des nageurs imprudents. Que n'a-t-il pas fait! Que ne m'a-t-il pas fait faire! Et cependant, tel quel, passé la trentaine, il est encore bien vivant, sans membre cassé, sans muscle froissé, la tête libre. Il semble préparé pour des exploits sensationnels, il s'est élevé bien au-dessus de la capacité du sportsman habituel tel qu'on le conçoit en France; et pourtant, lorsque j'ai demandé à cet athlète prodigieux, qui a défié tous précipices, maté de jeunes chevaux et fran en quatrième vitesse tant de tournants dan reux, lorsque je lui ai demandé :

— Dans quel cas avez-vous eu à montrer plus de qualités sportives :

Il m'a répondu :

— En gardant un but au football-associati Toutes proportions gardées, a-t-il ajouté, e vous oubliez un instant qu'en montagne précipice vous gardera, si vous y tombez, al qu'au football, un but marqué par l'advers ne fera vraisemblablement pas tomber un s de vos cheveux, rien n'est plus exact.

Vous ne sauriez, voyez-vous, vous imagi le rôle et l'importance du goal-keeper. D l'équipe, il est, si j'ose dire ainsi, plus de moitié de l'équipe, à lui seul. Il doit tout sav tout connaître, tout voir, n'avoir peur de r suffire à lui tout seul à parer aux faible ou aux fautes de dix autres. Et tenez, vou vous même que je vous fasse un aveu : Si j pelle tant votre attention sur son rôle, qu'après dix ans d'exercice, à l'association membres assouplis par la pratique d'un g

Card. r. de but au repos.

Le gardien de but vient de recevoir le ballon dans les mains; comme il a le temps, il s'apprête à donner le coup de pied.

Le ballon arrive à mi-corps et s'écrase entre les bras et la poitrine du gard but; comme l'adversaire est proche, il n'a pas le temps de dégager d'un co pied, et à bout de bras il lance le ballon à toute volée.

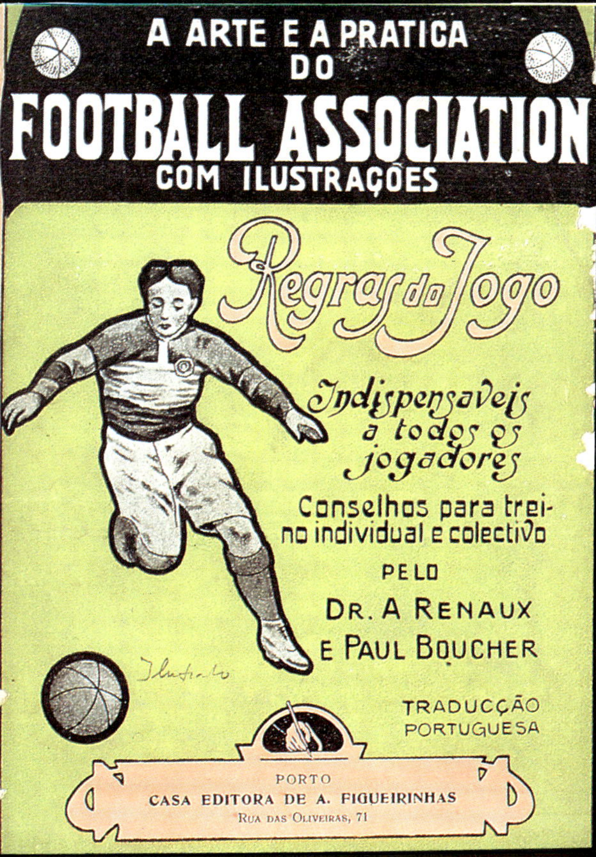

Entre 1900 et 1920 paraissent des dizaines de manuels d'initiation au football comportant des schémas et des photos qui illustrent la technique individuelle et celle du jeu collectif. Avant 1914, le périodique *La Vie au grand air* œuvre dans le même sens dans un numéro de janvier 1904. Il fallait répondre à la demande de joueurs potentiels, désireux de former une équipe nouvelle, ne disposant d'aucune connaissance technique et dans l'incapacité d'engager un entraîneur. Ci-dessous, vignette allemande tournant en dérision l'apprentissage du jeu au moyen d'un livre.

simplement sur la prévention des excès, de boisson surtout. Mais la préparation devient de plus en plus scientifique; une attention est prêtée à la musculature spécifique de chaque joueur.

Dès les années 1920 s'ébauche une formation psychologique, certes encore très en retrait par rapport aux connaissances du temps. Les entraîneurs se contentent d'insuffler aux joueurs une motivation telle qu'elle induit un engagement total de leur part. Aujourd'hui, les grandes équipes espagnoles ou italiennes ont recours aux psychologues les plus réputés pour déceler et guérir la moindre faille. En Afrique, c'est parfois la sorcellerie qui est appelée au secours pour vaincre. Dans les pays islamiques, la prière, même sur le terrain, est chose naturelle. Les joueurs d'Amérique latine ne manquent pas de se signer à toute occasion pendant que les supporters allument des cierges. Mais l'apprentissage technique et tactique l'emporte.

Des joueurs français s'entraînent à dribbler durant l'été 1942. A droite, l'équipe de l'A.S. Monaco s'exerce à changer brusquement la trajectoire de la course pour feinter l'adversaire ou pour contrer ses feintes de corps (1989).

Du jeu fruste à la technicité

Les mêmes mots d'ordre dominent partout : progresser, se rapprocher du niveau technique des maîtres, les Anglais. Des manuels circulent qui détaillent les gestes du jeu, les décomposent à l'aide de schémas et ensuite au moyen de photos. Ces livres du maître expliquent comment ajuster un tir, dribbler un adversaire, amortir le ballon. On voit même un technicien français déconseiller le jeu de tête, l'avance anglaise en ce domaine étant trop grande. Les entraîneurs sont choisis parmi les anciens grands joueurs. Les Anglais sont les plus recherchés, puis les Hongrois, selon la notoriété du football du pays. Peu à peu, les méthodes progressent; la force cède la place à la finesse. De nos jours, les joueurs s'astreignent à perfectionner le dribble à l'aide d'une suite de piquets qu'il s'agit de contourner rapidement. Bien des professionnels sont désormais en mesure de botter par-dessus le mur et de transformer un coup de pied arrêté, à la suite d'interminables exercices à l'aide de mannequins. Le travail supplante le jeu.

Aujourd'hui, le mythe des vedettes ayant commencé leur carrière sur des terrains vagues avec des balles de chiffons ne fait plus recette. Devenu un métier pour certains, une affaire sérieuse pour tous, le football s'apprend dans des écoles, des sections sport-étude, etc.

L'évolution vers la défensive

Les dispositions tactiques tiennent une place croissante. Les grandes équipes mettent au point des combinaisons inlassablement répétées à l'entraînement afin de mieux percer la défense adverse et de briser les offensives. Il en résulte une disposition spécifique des joueurs sur le terrain à

laquelle toutes les équipes finissent par s'adapter. Avec la réforme du hors-jeu de 1925, le système dit du «W.M.» s'impose et dure jusque dans les années 1950. Puis, avec la montée des enjeux, le football change de nature pour évoluer vers un jeu d'abord défensif. Il importe en priorité de ne pas encaisser de but. D'où l'invention de schémas tactiques divers : le «verrou» de l'entraîneur suisse Rappan, le «catenaccio» italien de Herrera,qui sont à la source du béton français. Dans

La F.F.F. a instauré le concours du jeune footballeur et du plus jeune footballeur (ci-dessous) en 1930 afin de procéder à une sélection des meilleurs espoirs. Ceux-ci étaient soumis à de multiples épreuves techniques, notées par un jury : tir au but, corner, jeu de tête, dribble autour de piquets alignés, etc. Les finales avaient lieu au stade de Colombes et les vainqueurs étaient présentés au public avant la finale de la Coupe de France. Raymond Kopa s'est classé deuxième du concours du jeune footballeur en 1949.

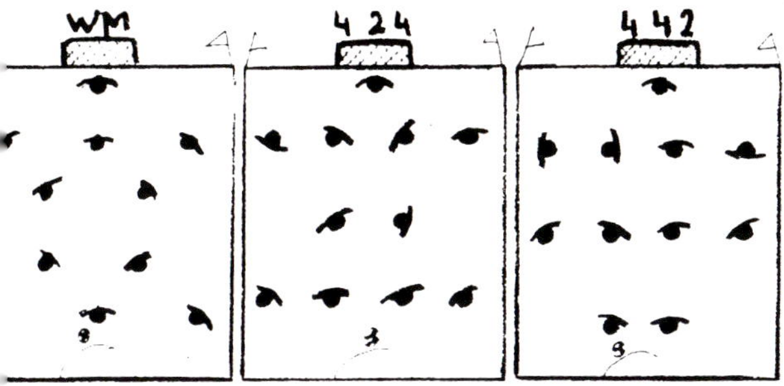

Le football au tableau noir souvent dénoncé par les adeptes du jeu physique : l'entraîneur du F.C. Southampton enseigne ici à ses joueurs à développer une phase de jeu au tableau avant de passer à la pratique sur le terrain (1946).

ces systèmes apparaît un deuxième arrière central, le libero.

En 1952, l'équipe nationale de Hongrie joue avec deux avant-centres, mais aussi avec quatre arrières. C'est le 4-2-4 qui autorise les deux victoires retentissantes contre une équipe d'Angleterre surclassée et médusée. Ces bouleversements conduisent certains entraîneurs à préconiser la défense de zone tandis que d'autres optent pour la défense en ligne afin de provoquer la position de hors-jeu de l'attaquant. Le renforcement de la défense se poursuit et, au début des années 1970, vient le 4-3-3 et même le 4-4-2. Certaines équipes se contentent aujourd'hui d'un seul attaquant de pointe. Le nouveau football suscite bien des interrogations.

La fin d'un beau spectacle ?

Seul le résultat compte : tel est le dogme des dirigeants et des joueurs. Pour ne pas encaisser le but, il faut s'assurer la maîtrise du milieu du terrain et empêcher l'adversaire de devenir menaçant : voilà la nouvelle stratégie. Lors d'une offensive, le milieu de terrain et même les arrières se transforment en attaquants. L'équipe s'engage désormais totalement, et à tout instant, dans la défensive comme dans l'offensive. Jusqu'aux années 1960, un but marqué par un arrière constituait un événement insolite. C'est chose courante aujourd'hui. Ce football total a été imposé au début des années 1970 par l'Ajax d'Amsterdam.

Ce type de jeu a des conséquences négatives sur la qualité du spectacle. D'abord, le nombre des buts marqués baisse inexorablement. Lors de la finale de la

Le dribble de Johann Cruyff, meilleur joueur de sa génération, lors du match de l'Ajax d'Amsterdam contre le Panathinaïkos d'Athènes en coupe d'Europe (ci-dessous à gauche) en 1971. Cruyff n'a pu devenir champion du monde avec l'équipe hollandaise qui fut battue lors de la finale en 1974 à Munich par l'Allemagne.

Coupe d'Europe des clubs champions, l'on a marqué 4,7 buts entre 1956 et 1965, 3 entre 1966 et 1975, 1,4 seulement entre 1976 et 1985. La moyenne des buts inscrits dans le championnat de France de première division était de 4,5 en 1933-1934; elle est tombée au-dessous de 3 après 1965. Elle se situe à 2,1 en Italie pour la saison 1984-1985. Ensuite, la défense à outrance a durci le jeu et les arbitres accordent plus volontiers le penalty aux attaquants impuissants devant le rideau défensif. Beaucoup de rencontres se gagnent désormais grâce à un coup de pied de pénalité. Ce qui augmente le rôle de l'arbitre dans la décision finale. La France a expérimenté le système du bonus pour trois buts marqués afin de redonner vie au jeu offensif : en vain.

Du joueur spécialisé au généraliste

Au tournant du siècle, la spécialisation des fonctions sur le terrain est de rigueur comme à l'usine. Elle s'accompagne d'une plus ou moins grande valorisation, selon le poste occupé. Jusqu'au lendemain de la Seconde Guerre mondiale, on retrouve les joueurs les plus rudes au poste d'arrière, ce qui leur confère une image de tâcheron. C'est le cas pour le Sochalien Etienne Mattler avant 1939 et même pour Roger Marche au cours des années 1950. L'image de l'arrière central est plus valorisante. Il est la tour de la défense, doté d'un sens du placement. Les trois avants de pointe détiennent longtemps le monopole de la finesse, de l'imagination et de la vélocité.

Match de championnat en 1928 entre le Hertha Berlin et le Tennis Borussia (ci-dessous). Le stade de Berlin est bien garni. L'ère des grandes affluences sur le continent débute avec les années 1930. Contrairement aux arbitres anglais, ceux du continent sanctionnent plus volontiers les charges sur le gardien de but. Celui-ci n'hésite pas à prendre des risques en plongeant dans les pieds de l'attaquant qui s'avance vers le but.

Les projecteurs sont braqués sur eux. Parmi les derniers représentants de cette race de joueurs émergent par exemple Stojaspal, l'artiste autrichien de la Coupe du monde de 1954, Fontaine le canonnier, Pelé le dribbleur, qui feinte et tire.

A l'issue de l'ère du W.M., les demis et les inters jusque-là réduits à un statut plus obscur, sauf collectivement lorsqu'on évoquait le carré magique, émergent enfin. Ils sont les meneurs de jeu, les constructeurs qui marquent aussi des buts : Di Stefano du Real de Madrid, Puskas, Cruyff ou Platini. Aujourd'hui, l'image des joueurs tend de plus en plus à s'uniformiser. Longtemps, les gardiens ont privilégié l'aspect spectaculaire de leurs interventions. Véritables acrobates en quête d'applaudissements, certains ont atteint la célébrité : Chayriguès le Français, Zamora l'Espagnol, après 1918, ou le Soviétique Yachine au cours des années 1950. Depuis, rigueur et sobriété ont pris le relais.

La fonction aléatoire d'entraîneur

Les attentes auxquelles doit répondre celui qui, au départ, était seulement une sorte d'ingénieur du football, sont aujourd'hui démesurées. L'entraîneur doit faire gagner et réaliser à tout prix les objectifs

De gauche à droite : Raymond Kopa en 1955 au stade de Reims, Di Stefano dans France-Espagne en 1958, le Hongrois Ferenc Puskas au Real en 1962, qui n'est pas retourné dans son pays après les événements de 1956. Ce sont les plus grands attaquants de leur génération en Europe.

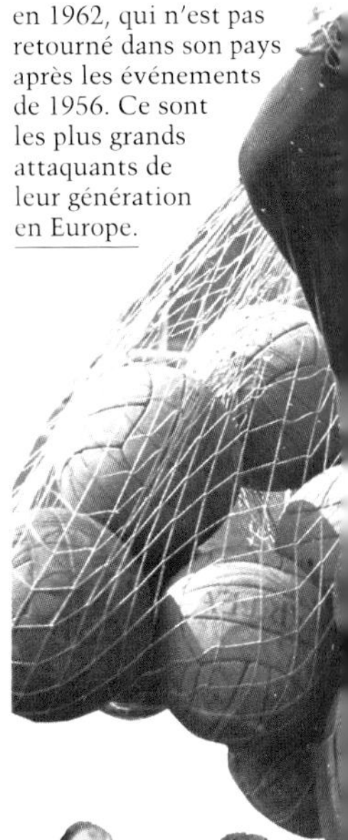

assignés au club par les dirigeants. Or dans le football, des investissements importants et des études de marché ne garantissent pas automatiquement le résultat. Celui-ci est tributaire de beaucoup d'aléas que sont le hasard ou ce quelque chose d'insaisissable qui génère la cohésion d'une équipe et donc son efficacité. Mais les présidents ne sont guère patients, ni les supporters qui réclament facilement la tête de l'entraîneur. En fonction de leurs propres intuitions ou convictions, ou même de leur crédulité, les dirigeants engagent soit un technicien, fin connaisseur du jeu, soit un meneur d'hommes réputé pour son autoritarisme, parfois aussi l'un de ces personnages pittoresques qui passent pour réussir des miracles et que l'on qualifie de sorciers ou de magiciens comme le Roumain Stefan Kovacs ou certains Sud-Américains.

La réputation du football d'une nation rejaillit sur ses entraîneurs. D'où la présence, après les Anglais, des Argentins et des Brésiliens, puis, après 1970, des Hollandais et enfin

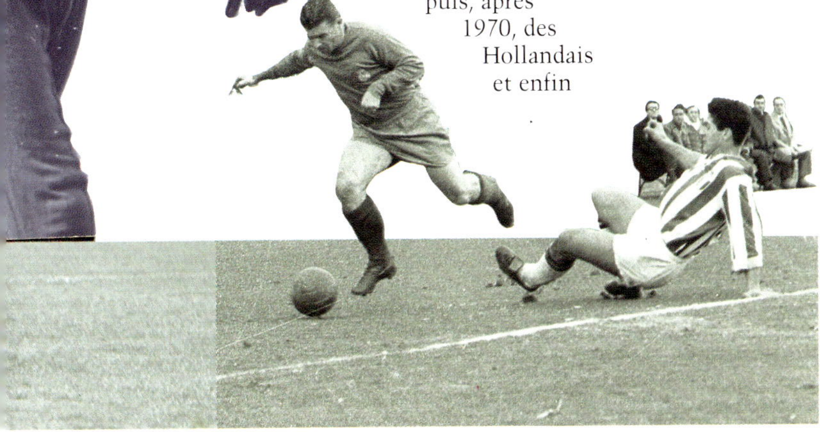

Lev Yachine (au centre), toujours en tenue noire, a gardé les buts de l'équipe nationale d'U.R.S.S. lors de trois phases finales de la Coupe du monde en 1958, 1962 et 1966. Il est le seul gardien à avoir été nommé «footballeur européen de l'année».

des Yougoslaves, nombreux dans toute l'Europe occidentale. Mais rien n'y fait; la fonction est un siège éjectable. La valse des entraîneurs se poursuit toute la saison, en France comme en Allemagne.

Après l'hégémonie anglaise, une hiérarchie fluctuante

Jusqu'en 1910, les équipes amateurs anglaises écrasent toutes les formations continentales. Entre 1906 et 1910, la France perd par 15 à 0, 12 à 0 et 10 à 1. Seul le Danemark fait meilleure figure avec une défaite par 2 à 0 en 1908. Au cours d'une seconde période allant de 1910 à 1921, l'Angleterre connaît quelques échecs à l'extérieur face aux Hollandais, aux Danois et même face aux Français en 1921 par 2 à 1. La F.A. décide alors d'aligner ses professionnels, ce qui prolonge l'invincibilité jusqu'en 1929. Mais entre-temps l'Uruguay s'est affirmé comme une excellente formation en remportant les tournois olympiques de Paris et d'Amsterdam, en 1924 et 1928, puis la

L'entraîneur Helenio Herrera (au milieu) sur le banc de touche en 1961. Une énorme pression s'exerce sur l'entraîneur dont les dirigeants attendent qu'il fasse gagner l'équipe. La fonction est instable. Herrera l'a exercée en France, en Italie et en Espagne. L'équipe d'Uruguay (ci-dessus) a remporté le tournoi des jeux Olympiques en 1924 au stade de Colombes, édifié pour cette occasion. A droite, un artiste hongrois réalise une sculpture au début des années 1950 : l'influence du plus pur réalisme soviétique.

première Coupe du monde. Mais l'absence des Anglais à ces compétitions et lors des suivantes empêche de désigner la meilleure équipe de cette période. Il s'agit peut-être de l'Italie, lauréate des deux Coupes du monde de 1928 et 1934, ou peut-être du Wunderteam, la fameuse sélection autrichienne.

C'est une extraordinaire équipe hongroise qui met fin à l'invincibilité des Anglais à domicile, en 1953. Ces derniers sont écrasés par 6 à 3 par des joueurs d'exception comme Puskas ou Kocsis qui font mieux encore à Budapest (7 à 1) l'année suivante. C'est le Brésil de Pelé qui succède aux Hongrois de 1958 à 1970. Après cette date, les Hollandais dominent avec Johann Cruyff; puis c'est le tour des Argentins avec Kempes et Maradona. Mais l'Allemagne et la France de l'ère Platini ne sont pas loin.

CAMPIONATI MONDIALI
DI CALCIO
F.I.G.C.
F.I.F.A.
ITALIA
MAGGIO
GIUGNO
1934
XII
GROS MONTI A C. TORINO
Riproduzione vietata

Contrairement à l'idée souvent répandue, le football ne se situe pas en marge des grands problèmes de la société; il ne forme pas un espace préservé. Au contraire, il est l'un des lieux où pénètrent des intérêts économiques considérables, où s'affrontent les idéologies et où s'insinue la politique nationale et internationale. Le football est un miroir des problèmes de notre temps.

CHAPITRE IV
LES ENJEUX EXTRA-SPORTIFS

Propriétaire des magasins Casino, Geoffroy Guichard fonde l'A.S. Casino de Saint-Etienne. La réglementation de la F.F.F.A. interdit dès 1922 la dénomination commerciale pour les clubs qui participent aux compétitions. L'A.S. Casino devient l'A.S. Saint-Etienne. L'entreprise continue de soutenir le club.

Primitivement, les joueurs ont rempli directement les tâches de la vie associative. Le jour où la première génération de joueurs a raccroché les crampons pour demeurer néanmoins présente au club, le véritable dirigeant est né.

Les notables s'assurent le contrôle des associations

Dès lors, la hiérarchie sociale incarnée par le comité du club recouvre exactement celle du groupe humain dans lequel il baigne. Les niveaux hiérarchiques

Des industriels s'investissent directement dans le football afin de faire profiter l'entreprise de l'esprit du jeu mais aussi de la notoriété. Ci-dessous, Gianni Agnelli (Fiat), président de la Juventus de Turin, en 1951 avec sa vedette Hansen.

évoluent selon les changements qui se dessinent globalement dans la société. Jusqu'en 1920 environ, les enseignants tiennent une bonne place. Ils sont alors relégués dans une position subalterne ou éliminés au profit des professions libérales et des petits patrons. A partir des années 1930, le pouvoir sur le football des grandes villes passe aux mains d'industriels ou de négociants de plus grande envergure. Les professions libérales se retrouvent en seconde ligne : médecins, cadres d'assurances, tous plus ou moins amoureux du

football, mais aussi attirés par le marché qui s'ouvre pour certains ou encore en quête de notoriété. Les tâches matérielles, moins valorisantes, reviennent aux employés et aux manuels.

A la direction des grands clubs européens, on trouve désormais des magnats des affaires et même des entreprises multinationales, comme Philips à Eindhoven ou la Fiat à la Juventus de Turin.

La fièvre de construction des stades

Le mécénat a pénétré dans le football par le biais de la mise à disposition de terrains par les notables. Ce fut le cas dans l'industrie textile du nord de la France et dans les Vosges. En Allemagne, une entreprise de Gelsenkirchen cède pour quatre-vingt-dix-neuf ans l'un de ses terrains au club de Schalke 04. En 1928, le club construira un stade de quarante mille places.

Le football accapare ainsi un vaste patrimoine foncier. En 1951, la Suisse compte plus de quatre cents stades sur un territoire pauvre en espaces plats et cultivables. Les municipalités prennent le relais. La fièvre de construction de stades pourvus de vastes tribunes atteint l'Amérique latine. La finale de la Coupe du monde en Uruguay se déroule dans une enceinte nouvelle de cent mille places alors que le

Le Milan A.C. de Silvio Berlusconi (ci-dessous, au stade de San Siro) constitue un

exemple inédit de la synergie entre une entreprise et le football. Industriel de la communication, depuis peu passé à la politique, Berlusconi a exploité pleinement les potentialités du petit écran pour promouvoir son équipe, tant du point de vue économique que de l'image de marque. Le sponsoring, les revenus des droits télévisuels, qui ont augmenté à mesure des participations aux compétitions internationales, et l'accroissement du nombre d'abonnés, ont renforcé le Milan A.C. Entre 1989 et 1994, ce club a remporté cinq championnats nationaux, deux coupes des Champions et deux coupes intercontinentales.

stade de Colombes, édifié pour les jeux de 1924, n'en contient d'abord que quarante-cinq mille. Le Brésil ira plus loin, avec son stade de Maracana – à Rio – de deux cent mille places, qui dépasse de loin les monstres de Glasgow et de Londres. Après le gigantisme du passé, l'accent est mis désormais

Construction du Parc des Princes à Paris en 1970 sur l'emplacement de l'ancien stade. Le vélodrome a été supprimé.

sur le confort et notamment sur les tribunes couvertes qui mettent fin à l'inconfort, mieux supporté par les spectateurs d'autrefois. En Europe occidentale, les stades nouveaux ne contiennent plus que des places assises, conformément à la réglementation visant à lutter contre la violence. Des cathédrales modernes plus sommaires surgissent du sol en Afrique, au Caire (cent trente mille places), à Lagos (soixante-dix mille), à Alger (quatre-vingt mille).

R.S.I.
SPARTAKIADA
KLUCIS
MOSKVA
1928

Football catholique et football ouvrier

Au tournant du siècle, les organisations ayant vocation d'encadrer la jeunesse s'intéressent au football. C'est ainsi que l'Eglise catholique de France et de Belgique en encourage la pratique.
La Fédération de Gymnastique et Sportive des Patronages de France (F.G.S.P.F.) crée sa compétition propre après 1900. Les équipes de patronage se veulent des écoles de vertu et de piété, enseignent la fraternité et l'altruisme.

En France, la recrudescence du conflit entre l'Eglise et l'Etat, en 1905, met fin aux relations pacifiques entre la F.G.S.P.F. et l'U.S.F.S.A. Seule reconnue par la F.I.F.A., cette dernière prive sa rivale catholique de toute rencontre avec des équipes étrangères.
Contre le football catholique se dresse aussi une autre fédération : l'association des anciens élèves de l'école laïque (les «petites A»), ce qui atteste le pouvoir de l'idéologie sur le football au début du siècle en France. Beaucoup d'équipes de patronage ont rallié la F.F.F.A. en 1919 et la nouvelle fédération catholique entre en crise. Elle compte encore soixante-cinq mille footballeurs en 1955. La F.G.S.P.F. a contribué à démocratiser le football.

Un peu plus tardif, le football ouvrier se développe, lui aussi, au sein de fédérations autonomes qui constituent une sorte de troisième pilier du mouvement ouvrier, à côté du syndicat et du parti socialiste. L'exemple est donné en Allemagne et en Autriche avant la fin du siècle. La France suit vers 1905 seulement.

En Allemagne, le football ouvrier compte cinquante mille joueurs en 1920 et cent quarante mille en 1930. Dresde et Leipzig, en Saxe, alignent de très bonnes équipes, de même que Hambourg ou Berlin. Celle de Dresde joue à Paris en 1924, dans le cadre d'une politique de fraternisation des classes ouvrières.

Le football ouvrier français occupe une place beaucoup plus modeste, loin derrière l'Allemagne. Il est principalement implanté dans le Nord et la région parisienne. Détruit en Allemagne après 1933, trop pauvre ailleurs, le football ouvrier n'occupe plus

A gauche : l'affiche des Spartakiades de Moscou en 1928. Compétition internationale organisée par l'U.R.S.S. qui offre l'occasion aux sélections nationales de football ouvrier de se rencontrer.

Ci-dessous : la médaille de la Fédération sportive du travail émise en 1926 à l'occasion de la tournée de l'équipe de l'U.R.S.S. en France.

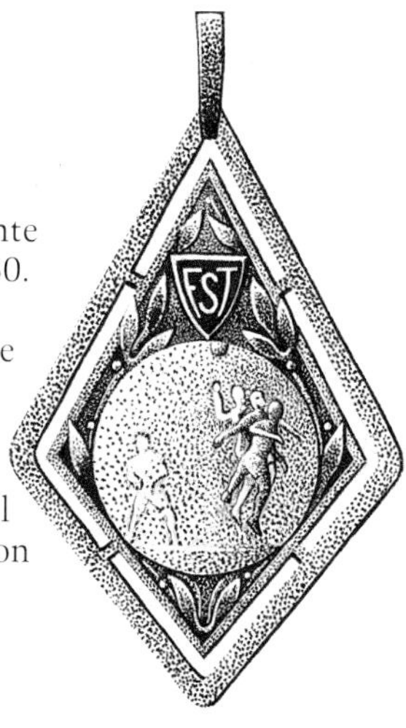

qu'un rang marginal, sauf sous des formes bien nouvelles dans les démocraties populaires. Les Spartakiades offrent l'occasion de confrontations internationales.

Le football de rue, d'où étaient issus les joueurs pros d'il y a cinquante ans, demeure d'actualité dans les pays africains et d'Amérique latine.

Le football : véhicule de l'idéologie

Finalement le monde du football est saturé d'idéologie. Le secrétaire général de la F.G.S.P.F., Charles Simon, situe son action dans le cadre de la lutte contre les «petites A». Dans le Midi de la France, le football passe pour une pratique catholique avant 1914. D'où les écoles normales optent pour le rugby, ce qui donne à ce jeu une connotation laïque.

Deux exemples de jeu populaire : à gauche, dans une école au Mexique; à droite, à Choisy-le-Roi, sur fond de paysage industriel.

En 1921, Coubertin note qu'il faudrait fonder un club de football dans chaque village pour assurer la paix sociale. Or les fondateurs du sport ouvrier ne veulent pas que les ouvriers enfilent le même maillot que leurs adversaires de classe; l'égalité ne serait qu'illusion. Il s'agit au contraire de cultiver la solidarité ouvrière, mais aussi de récuser les règles de la compétition acharnée qui rappellent les cadences imposées dans l'usine.

La scission du monde ouvrier en 1919-1920 provoque la naissance d'une deuxième fédération internationale à Moscou. Le sport ouvrier français et allemand demeure affilié à la fédération socialiste de Lucerne. Mais les tensions sont fortes et, à l'occasion d'une tournée d'une équipe soviétique en Allemagne, la propagande se déchaîne et cause la rupture en 1928.

Formé à l'origine d'une chambre à air et d'une enveloppe de cuir cousu, le ballon ne présente plus aujourd'hui ni ouverture pour la valve, ni couture. Depuis peu, il est imperméabilisé avec un revêtement synthétique et renforcé d'une couche de mousse entre la «vessie» en latex et la «peau» en polyester.

L'amateurisme marron s'étend

La bourgeoisie continentale et sud-américaine se montre hostile à la démocratisation du football. Imprégnée de l'éthique amateur, elle veut éviter de suivre l'exemple britannique. C'est ainsi qu'en Russie les clubs restent fermés jusqu'à la guerre aux travailleurs manuels. Le modèle est appliqué avec la même rigueur au Brésil, où l'accès des clubs est impossible pour les misérables, les métis et les Noirs. Cette rigueur devait empêcher toute transgression de l'amateurisme. De là aussi le souci des dirigeants pour que le joueur acquitte sa cotisation, s'offre lui-même son équipement et prenne en charge ses déplacements.

La montée des enjeux, la durée des déplacements, l'augmentation du temps consacré aux entraînements sont autant de facteurs qui conduisent les dirigeants à verser des indemnités, notamment pour le manque à gagner. La plupart des fédérations nationales élaborent, à partir de 1920 environ, des règlements tatillons visant à limiter les versements. Les Belges

L'équipe d'Italie à Londres, lors d'un transfert en autocar. Ce moyen de transport a permis la ruralisation du football au cours des années 1920.

instaurent une commission de contrôle en 1920, puis définissent un statut de joueur indépendant qui autorise celui-ci à toucher une sorte de salaire d'appoint. La F.F.F.A. s'attaque aux transferts, car ils camouflent généralement des opérations lucratives, en instaurant la licence B qui interdit au joueur muté de jouer en équipe première. Mais rien n'y fait; l'amateurisme marron règne tout au long des années 1920.

L'accouchement difficile du professionnalisme

On se doute bien que les joueurs anglais, puis tchèques ou yougoslaves qui vont jouer en France ou en Belgique le font pour de l'argent. Chacun sait que le joueur de condition modeste qui quitte Paris pour aller évoluer à Sète disposera d'un emploi peu astreignant et sera rétribué en tant que footballeur. Le processus anglais est bien enclenché. Deux écoles s'opposent alors : il y a ceux qui prêchent un retour à l'amateurisme intégral au moyen d'interdits sévères; inquiets devant les perturbations que cela induirait dans la société, ils refusent que le sport puisse être une profession. Il y a ceux ensuite qui, partisans du football d'élite, estiment que le meilleur moyen de le moraliser consisterait précisément à instaurer le professionnalisme. Selon eux, la situation serait clarifiée, puisqu'il y aurait, comme dans le circuit économique normal, des patrons, c'est-à-dire les dirigeants, et des salariés, les joueurs.

Passant outre les craintes relatives aux risques financiers, l'Autriche (dès 1924), la Tchécoslovaquie et la Hongrie sautent le pas avant 1930, suivies par l'Argentine et le Brésil en 1931 et 1933. La France se résigne en 1932. Dans les faits, le professionnalisme n'a rien clarifié. Les salaires imposés par les instances

officielles ne sont qu'une fiction; la surenchère est générale et les statuts subissent des entorses permanentes. L'indemnisation est aujourd'hui la règle, même dans les compétitions régionales des divisions inférieures.

Les Girondins de Bordeaux arrivent à Laval. Depuis deux décennies, les équipes professionnelles ont renoncé aux longs et pénibles déplacements en train d'antan au profit de l'avion. Celui-ci est à l'origine de la multiplication des compétitions internationales.

Une dimension nouvelle : chauvinisme et nationalisme

Le football réactive les vieilles rivalités entre villages voisins. Les matchs qui les opposent sont l'occasion d'assouvir des haines ancestrales et souvent irrationnelles ou encore de trancher des problèmes de suprématie. Les derbys sont susceptibles d'éveiller un tel degré de passion que des mesures de sécurité s'imposent. Mais la violence occasionnelle n'est pas délibérée : le chauvinisme n'est pas le «hooliganisme». Les passions atteignent leur paroxysme lorsque la rivalité est nourrie,

au surplus, par des oppositions sociales ou culturelles, à l'exemple des clubs d'une même ville comme le Torino et la Juventus de Turin, l'A.C. et l'Inter de Milan, ou par des tensions confessionnelles comme entre les protestants des Glasgow Rangers et les catholiques du Celtic.

Ce chauvinisme stimule le nationalisme lors des rencontres internationales. A cette occasion, le cœur des supporters se serre à l'écoute de l'hymne national. Parfois, la foule le reprend en chœur. Figées au garde-à-vous, certaines équipes comme celle d'Allemagne fédérale en font autant. L'identification des Américains du Sud à leur sélection est légendaire. La défaite de 1950 contre l'Uruguay, en Coupe du monde, est vécue par les Brésiliens comme une tragédie nationale. A l'inverse, la victoire de 1970 au Mexique permet de forger, autour du football, une cohésion nationale exceptionnelle. Elle apparaît, en plus, comme la revanche d'un pays pauvre, fêtée à Rio au travers d'un carnaval civico-nationaliste. Parfois la tragédie est au rendez-vous; en 1964, le match Pérou-Argentine s'achève par une émeute qui fait trois cent vingt morts.

La lutte de prestige que se livrent les Glasgow Rangers (protestants) et le Celtic de Glasgow (catholique) traduit le clivage culturel que l'on rencontre dans le monde du football. La solidarité avec l'un ou l'autre club permet à la foule des supporters de renouveler les liens communautaires respectifs. A plusieurs reprises, au cours de l'histoire du football écossais, les rencontres ont dégénéré en mini-guerres de religion. Ci-dessus, les sièges des deux clubs rivaux de Glasgow.

La politique s'insinue dans le football

Au niveau le plus modeste, celui du village, l'association sportive constitue un champ

Stanley Matthews en compagnie de son épouse et de sa fille, à la sortie de Buckingham Palace où la reine vient de lui remettre le C.B.E. (1957). Joueur d'exception né en 1915, Matthews devient professionnel à dix-sept ans, joue dans l'équipe d'Angleterre à dix-neuf ans et livre sa dernière partie professionnelle en 1965, à l'âge de cinquante ans.

d'affrontement entre notables car elle peut devenir un marchepied pour l'accession au pouvoir. L'élu tente volontiers d'engranger les profits d'une victoire importante, celle de la Coupe par exemple, en jouant sur l'identification de l'équipe à sa ville et à ses représentants au moyen de manifestations officielles. Rois, reines ou présidents assistent à la finale de la Coupe, décorent dirigeants et joueurs ayant atteint la notoriété. Stanley Matthews est devenu Sir Stanley par la grâce d'Elisabeth II. Les maires sont aussi contraints de mesurer les conséquences électorales lorsqu'ils fixent le montant de la subvention municipale.

La politisation est parfois plus directe. En Espagne, le F.C. Barcelone a longtemps incarné l'antifranquisme contre son rival local, le club l'Espagnol et contre le Real de Madrid. Le match peut alors symboliser un combat politique que le régime empêche de se dérouler dans la rue. Les Catalans considèrent leur victoire contre le Real par 5 à 0, en 1974, comme le véritable début de la transition politique, plutôt que l'assassinat de Carrero Blanco, le Premier ministre. Les mouvements révolutionnaires ont usé de la notoriété des joueurs à leur profit. C'est ainsi que les révolutionnaires vénézuéliens ont enlevé et détenu Di Stefano afin de se faire connaître et de fragiliser le régime.

Ci-contre, le joueur espagnol Alfredo Di Stefano, sans doute le meilleur joueur des années 1950 avec le Hongrois Ferenc Puskas venu le rejoindre, en 1958, au Real de Madrid, qui dominait alors le football européen. Sur le terrain, il est omniprésent, à la fois constructeur et buteur.

Le football, facteur de paix ou fauteur de tension?

Comme l'ont montré les débuts de la F.I.F.A., les compétitions internationales traduisent dès l'origine une étroite dépendance à l'égard des relations entre les Etats. La nature des rapports politiques détermine souvent la qualité des relations sportives et inversement. C'est ainsi que se sont déroulées durant plus de cinquante ans des rencontres commémoratives entre la France et la Belgique à la date du 11 novembre. Longtemps, les rencontres

France-Allemagne se sont disputées dans une ambiance tendue; en 1952, un supporter français s'est rendu à Colombes revêtu de sa tenue de déporté et, en 1969, le Salvador a rompu ses relations diplomatiques avec le Honduras, à la suite d'un match qualificatif pour la Coupe du monde. En 1930 déjà, l'Uruguay avait organisé la compétition dans le cadre des

festivités du centenaire de l'indépendance pour s'affirmer sur le plan international. En 1978, lorsqu'il apparaît que la dictature argentine cherche à obtenir, par le biais de la Coupe du monde, une sorte de légitimation, des campagnes de boycott se développent dans les pays démocratiques. La gauche française s'oppose à l'extrême-droite qui prône bruyamment la participation.
Les joueurs hollandais refusent de saluer le général Videla.

A gauche, l'affiche d'un meeting pour le boycott du Mundial en Argentine en 1978. Ce pays subissait alors la dictature réputée sanguinaire du général Videla.

L'équipe italienne a remporté la Coupe du monde de 1934, chez elle, dans une atmosphère de fanatisme nationaliste et de glorification du fascisme. Jules Rimet a confié, amer, que la fonction de président de la F.I.F.A. avait été exercée de fait par Mussolini.

Les compétitions internationales des grands clubs et des sélections nationales suscitent aujourd'hui l'intérêt de tous les milieux sociaux, et aussi des femmes. La pénétration, dans le football, de grands groupes financiers spécialisés dans le management du sport ou les transactions des retransmissions télévisées font que l'argent règne en maître.

CHAPITRE V
LES CONTRADICTIONS DU FOOTBALL MODERNE

Dès les années 1980, les arbitres accordaient systématiquement un penalty (à gauche, de Becque) pour une main, y compris involontaire, afin de marquer la différence avec le rugby. Aujourd'hui, il s'avère décisif en raison de la diminution des buts marqués. A droite, les supporters nantais arborent les couleurs de leur équipe pour l'encourager.

La préparation de la Coupe du monde de 1998 en France a conduit les instances du football à mettre en place une structure spéciale, le Comité français d'organisation de la Coupe du monde 1998, dirigée par l'ancien président de la F.F.F., Fernand Sastre, et par Michel Platini. Sa mission a été un succès, notamment pour la mise en place d'un système de billetterie dans le monde entier, la sécurité, l'hébergement des équipes qualifiées et des supporters. L'aménagement des stades de province retenus pour les rencontres (à gauche, Brésil-Pays-Bas au stade Vélodrome de Marseille) a été pris en charge par le gouvernement, qui a aussi choisi le site du Stade de France à Saint-Denis pour la finale. Financièrement, l'opération a été une réussite.

Une compétition en déclin : le football des J. O.

Les premiers tournois internationaux se déroulent primitivement dans le cadre des jeux Olympiques. Après des débuts modestes, le football émerge enfin aux jeux de 1924 à Paris, en l'absence des Anglais qui récusent l'amateurisme marron des participants. La prestation et la victoire de l'Uruguay révèlent la dimension intercontinentale du football. Après 1945, le tournoi olympique, toujours réservé aux joueurs amateurs, perd de son intérêt. Il est en effet concurrencé par la Coupe du monde. L'ambiguïté règne car les démocraties populaires présentent non pas des amateurs, mais d'authentiques professionnels. C'est ainsi que l'équipe de Hongrie, la meilleure du monde, remporte le tournoi sans opposition sérieuse en 1952.

Le Comité international olympique (C.I.O.) finit par admettre des sélections formées de jeunes joueurs professionnels en 1984, et la France alors l'emporte. Mais le déclin est irréversible.

L'épreuve phare : la Coupe du monde

Fondée en 1930 à l'initiative du président de la F.I.F.A., Jules Rimet, la première Coupe du monde est boudée par les meilleurs Européens et gagnée par l'Uruguay, le pays organisateur. En 1934, le pouvoir fasciste pèse lourdement sur la compétition afin de permettre à l'Italie de l'emporter à domicile. L'avènement de la télévision transforme la Coupe du monde en grande fête mondiale du football à compter de 1958 en Suède. La mondialisation s'accentue avec l'arrivée de sélections africaines en 1970 au Mexique.

En 1954 et en 1974, l'Allemagne l'emporte contre les grands favoris, la Hongrie de Puskas et les Pays-Bas de Cruyff. L'Italie (1934, 1938 et 1982), l'Allemagne (1954, 1974, 1990), l'Argentine (1978, 1986), l'Uruguay (1930, 1950) et surtout le Brésil (1958, 1962, 1970, 1994) collectionnent les victoires. Les succès de l'Angleterre en 1966 et de la France en 1998 confirment l'avantage dont bénéficie le pays organisateur (6 victoires sur 16 tournois).

Disposant d'une belle équipe en 1982 et 1986, celle de Platini, Giresse, Tigana, etc., la France échoue deux fois en demi-finale contre l'Allemagne, plus déterminée moralement, avant de l'emporter en 1998 grâce à une nouvelle génération brillante incarnée par Zinedine Zidane. C'est l'occasion d'une véritable allégresse nationale laissant peu de citoyens indifférents.

«C'est la folie», disent les uns avec les larmes. «On est les champions», commencent à chanter les autres. «J'y crois pas, j'y crois pas», dit Emilie à Alise, étudiantes venues de Bordeaux. Dans la rue, les hommes, les femmes font des bonds, dansent en rond, s'embrassent. Les inconnus se parlent, se scrutent pour confirmer qu'ils vivent la même émotion. «C'est notre coupe, bordel, la dernière du millénaire et elle est à nous!», hurle Yannick.»

D. Le Guilledoux, *Le Monde*, 14 juillet 1998

Ci-dessous, les manifestations de joie, le 12 juillet 1998, sur les Champs-Elysées à Paris.

Les coupes continentales

A partir des années 1960 émergent les compétitions continentales des nations car le public se détourne des rencontres internationales amicales tel le traditionnel France-Belgique du 11 novembre. L'Amérique latine avait donné l'exemple dès 1916. Une autre tentative eut lieu en Europe centrale en 1927, mais c'est la fondation, en 1954, de l'Union européenne de football association (U.E.F.A.) qui va conduire à l'organisation du Championnat d'Europe des Nations à partir de 1960. La compétition est gagnée par l'équipe de Michel Platini alors au sommet de son art en 1984, puis à nouveau en 2000.

Organisée par la Confédération africaine de football (C.A.F.), la Coupe d'Afrique draine des foules de plus en plus nombreuses dans les immenses stades édifiés en Egypte,

au Nigeria ou au Cameroun par exemple et autour d'équipes formées de joueurs évoluant en Europe. L'Asie suit depuis peu.

Les compétitions nationales se restructurent

Les fédérations nationales ont imité les deux compétitions organisées par la Football Association britannique : le championnat et la coupe. La Coupe de France, dénommée d'abord Coupe Charles-Simon, date de 1917 et le championnat, qui a remplacé les compétitions régionales, de 1932, année de l'instauration du professionnalisme.

Dans le but de remobiliser les passions autour du football, la Coupe latine, opposant les vainqueurs des championnats des pays méditerranéens, voit le jour. A cette occasion, la grande équipe de Reims – alors championne de France –, avec son attaquant Raymond Kopa, se substitue à l'équipe de France dans le cœur des supporters.

Pour la première fois, en 2002, la Coupe d'Afrique des nations (à gauche, Sénégal-Egypte), remportée une fois encore par le Cameroun, a bénéficié d'une importante médiatisation en France, sans doute parce que presque toutes les équipes professionnelles comptent dans leurs rangs des joueurs issus de pays africains. Les supporters africains encouragent leurs équipes par des pratiques festives traditionnelles (en bas à gauche, bafanas d'Afrique du Sud) et des rites religieux.

Simultanément, les fédérations recherchent des solutions internes pour préserver la fréquentation des stades. Les clubs allemands jouent le samedi après-midi, tandis que la France opte pour les nocturnes, renonce au terrain neutre pour la Coupe, met en œuvre une trêve hivernale. Le football devient davantage un sport de la bonne saison.

Meilleur joueur français du XXe siècle, Michel Platini (ci-dessus, en 1986) a brillé à Nancy, à Saint-Etienne, à la Juventus de Turin, et dans l'équipe de France de 1975 à 1988.

La Coupe d'Europe des clubs champions

Dès les années 1960, la Coupe d'Europe des clubs champions, future Ligue des champions, qui bénéficie des progrès des transports aériens, réussit à tenir en haleine les amateurs de football en Europe grâce à la télévision. La notoriété des grands joueurs dépasse les frontières. Le succès est tel que l'U.E.F.A. instaure deux autres compétitions : la Coupe des vainqueurs de Coupe et celle de l'U.E.F.A. qui concerne les

Pour améliorer ses performances, le football japonais, qui rivalise avec les sports américains longtemps dominateurs, a recours à des joueurs souvent en fin de carrière et à des entraîneurs européens, par exemple le Français Arsène Wenger. Ci-contre, la sélection du Japon en 2000 entourant son capitaine Ryuzo Motioka. Par ailleurs, le football japonais peut compter sur un vaste public féminin. De nombreuses jeunes filles ont suivi leur équipe qualifiée en 1998 pour la Coupe du monde en France. Leur passion constitue une image encore insolite en Europe (page de droite à Nantes).

meilleures équipes des classements nationaux. Les autres confédérations continentales suivent l'exemple.

Cependant l'excès de rencontres a contraint l'U.E.F.A. à une nouvelle réforme : la Coupe des vainqueurs de Coupe est supprimée en 1999 tandis que la Ligue des champions réunit davantage d'équipes. Tous les amateurs de football connaissent désormais les grandes équipes et leurs vedettes : la Juventus de Turin, l'A.C. et l'Inter de Milan, le Bayern de Munich, Manchester United, Arsenal, l'Ajax d'Amsterdam, etc.

La mondialisation achevée

La F.I.F.A. compte désormais 204 fédérations nationales. Les zones les plus réticentes – Etats-Unis, Asie orientale et Océanie – sont désormais conquises. Les Etats-Unis ont organisé des compétitions selon leurs méthodes commerciales habituelles après 1970. Malgré leur échec, le nombre de pratiquants a augmenté. La Coupe du monde de 1994 a montré l'existence d'un public potentiel. Au Japon, les grandes entreprises ont pris conscience de l'importance du phénomène football comme support

publicitaire et encouragent la pratique sportive. Les jeunes et notamment les jeunes filles utilisent le stade comme lieu d'expression de la contestation des traditions nippones. La Corée avait donné l'exemple en Asie orientale. Ici, les clubs sont liés à de grands groupes financiers tandis que la fédération est présidée par l'héritier de l'empire industriel Hyundai. Le Japon et la Corée du Sud ont obtenu conjointement l'organisation de la Coupe du monde 2002.

De nouvelles nations émergent depuis peu : l'Arabie Saoudite, l'Iran ainsi que l'Australie. Toutes ces nations montantes, y compris celles d'Afrique, réussissent à figurer plus nombreuses dans les phases finales de la Coupe du monde. L'Union sud-africaine a failli obtenir l'organisation de celle de 2006, finalement accordée à l'Allemagne.

Du neuf dans les stades

Si la mondialisation est un phénomème important dans le football contemporain, celui-ci révèle un certain nombre d'autres traits nouveaux. Le jeu évolue. A tous les niveaux de la pratique, l'entraînement physique est intensifié. Il faut répondre au «défi physique», expliquent les techniciens qui imposent aux joueurs de gagner les duels, y compris par le tirage de maillot ou le recours à une certaine brutalité.

Aujourd'hui, tous les joueurs sont des athlètes complets dont la condition physique est parfaite grâce à un entraînement intensif, ce qui donne lieu à un jeu où le défi physique est permanent (pages suivantes). Parallèlement, les gestes techniques, tel celui de Trézéguet (en haut, page de gauche), ravissent la foule.

TREZEGUET
9

Á PINTO
9
5
JVC

Carlsberg

L'importance des enjeux exige la victoire à tout prix. Mais le jeu doit aussi demeurer spectaculaire. Pour cela, il faut limiter les temps morts : d'où l'interdiction de la passe en retrait au gardien, l'accélération du dégagement ainsi que la création officielle du temps additionnel. Resterait à introduire davantage de justice, puisque l'arbitre, même aidé par ses adjoints désormais en droit d'intervenir depuis la touche, ne peut pas toujours juger avec équité. Or, avec

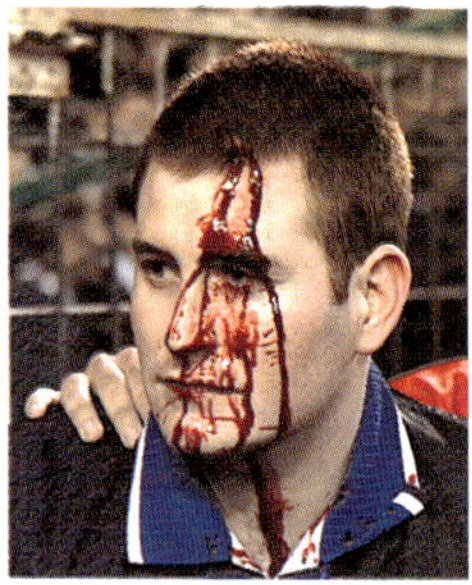

l'augmentation de la technicité, le coup franc proche de la surface de réparation ou le penalty sont souvent décisifs. A quand le recours à la vidéo?

La violence dans les tribunes et autour du stade est une des plaies du football contemporain. Le football a connu des violences épisodiques, comme en Amérique latine vers 1950; mais, après 1970, un phénomène apparaît dans les tribunes en Grande-Bretagne, puis sur le continent : le hooliganisme. Les motivations de ces supporters, qui sèment le désordre

Les scènes de violence sur le terrain, comme ci-dessus à Belgrade où des policiers tentent de séparer les supporters de deux clubs, sont rares, les entrées dans les stades étant très surveillées. Ces affrontements ont lieu le plus souvent à l'extérieur.

dans les stades, sont très controversées et ne paraît pas être un simple phénomène de défavorisés. Il a connu ses jours les plus noirs à Bruxelles (1985) et à Sheffield (1989) où l'on compta les morts par dizaines. Depuis, les hooligans les plus violents sont fichés par la police et surveillés lors des grands matchs, réduisant ainsi leurs débordements.

La haine raciale sévit aujourd'hui dans les tribunes en Allemagne et en Italie; le football n'est alors qu'un prétexte. Dans les banlieues françaises, des actes de violence se produisent aussi bien dans l'enceinte du stade qu'en dehors.

A la veille de la Coupe du monde de 2002, le Japon et la Corée du Sud craignent une nouvelle forme de violence : l'attaque terroriste. En raison des multiplications d'actes de terrorisme à travers le monde, les organisateurs japonais et coréens sont contraints de déployer de nouveaux moyens pour la sécurité au-dedans et autour des stades, d'autant qu'un attentat durant la Coupe du monde offrirait une répercussion médiatique mondiale à tel geste.

Le Britannique David Beckham (ci-dessous, à l'entraînement) a été classé deuxième meilleur joueur de l'année en 1999, derrière le Brésilien Rivaldo. Il évolue en Grande-Bretagne où les salaires très élevés bénéficient d'une indulgence particulière du fisc. C'est pour la même raison que les grands joueurs français, tel Zidane, préfèrent jouer dans des équipes italiennes, espagnoles ou britanniques.

Le marché et l'argent des joueurs

Tout en conservant son caractère ludique, le football professionnel et même celui des divisions supérieures de l'amateurisme sont devenus un nouveau secteur économique.

A la suite de l'Angleterre, le professionnalisme s'est généralisé, ce qui induit le salariat et le marché des joueurs. D'abord limités, les salaires se mettent à flamber après 1950 au sein des clubs riches d'Europe où les recettes sont élevées. Les dirigeants français tentent de suivre; c'est ainsi que le Matra Racing verse 700000 francs (106715 euros) par mois à Luis Fernandez en 1986. Puis les meilleurs joueurs partent à l'étranger après l'«arrêt Bosman» (1995), qui permet la libre circulation des footballeurs de l'Union européenne à l'intérieur de ses frontières. Jusque-là, les fédérations avaient limité le nombre de joueurs étrangers dans chaque équipe. Désormais, on peut voir une équipe nationale comme Chelsea jouer avec un seul Britannique.

Des grandes vedettes comme Figo ou Zidane sont transférées au Real de Madrid pour respectivement 411 et 520 millions de francs (65 et 77 millions d'euros) en 2000 et 2001, ce qui suppose des salaires nettement au-dessus de 1 million (152500 euros), voire de 1,5 million francs (228600 euros) par mois auxquels s'ajoutent les revenus de l'exploitation de leur image. En 2001, le salaire moyen du joueur français de première division se monte à 190000 francs (28900 euros) et celui de deuxième division à 48900 francs (7455 euros).

Dans ce marché juteux, les «managers» des joueurs négocient les transferts moyennant un pourcentage conséquent et conseillent les joueurs sur le plan juridique.

Les liens entre le football et les grandes entreprises, notamment les médias, sont étroits. Responsable du service sport à Canal+ – propriétaire du P.S.G. – et dirigeant éminent du club, Michel Denisot brandit la Coupe de France remporté par le P.S.G. contre Bordeaux le 4 avril 1998 au Stade de France. Il est entouré de Raï, international brésilien et de Patrice Loco, international français.

Les clubs professionnels aujourd'hui

Initialement, les clubs étaient gérés par un président mécène qui cherchait à compléter les recettes des rencontres par des subventions municipales. Depuis une dizaine d'années, de grands groupes financiers, profitant de l'évolution du statut associatif d'origine, transforment les clubs en véritables entreprises. Les médias détiennent une place croissante; ainsi Canal + possède le P.S.G., Pathé Lyon et M6 les Girondins de

Bordeaux. En Angleterre, où le système est généralisé, Wimbledon est aux mains de magnats de pêcheries et d'ingénierie pétrolière de Norvège. Les clubs représentent alors un investissement publicitaire. D'autres entreprises, comme celle de Marc Mc Comark, cherchent uniquement à générer du bénéfice. Il reste encore des groupes qui conservent l'esprit du mécénat : ainsi Robert-Louis Dreyfus à Marseille ou François Pinault à Rennes.

Les clubs pros français (une quarantaine) vivent désormais grâce aux recettes versées par la télévision. La Ligue professionnelle – organisme qui régit les clubs pros et leurs compétitions – touche cet argent et le reverse à l'ensemble des clubs. En 2000, chaque club a reçu 54,4 millions de francs (8,29 millions d'euros) au minimum. Le budget moyen en D1 est de 230 millions (35 millions d'euros); celui d'Auxerre est de 100 millions (15,24 millions d'euros), celui de Lyon de 500 millions (76,22 millions d'euros). Les petits clubs survivent grâce à ce système de répartition de l'argent qui leur est favorable, le nombre de spectateurs payants étant trop faible.

Fils d'un harki kabyle, né en 1972 à Marseille, Zidane a été recruté à 16 ans par l'A. S. Cannes. Il se fait un nom après son transfert aux Girondins de Bordeaux (1992). Il n'a plus quitté la sélection nationale depuis 1994 malgré son départ pour la Juventus de Turin en 1996, puis au Real de Madrid en 2001. Il a marqué deux buts lors de la finale de la Coupe du monde gagnée par la France en 1998 et a été consacré meilleur joueur de l'année avant de remporter le Championnat d'Europe des Nations.

Les reportages télévisés (avec l'utilisation de plusieurs caméras balayant tout le terrain) ont acccru la popularisation du football à compter des années 1970. Les supporters les plus fervents préfèrent suivre les rencontres devant l'écran d'un café et en groupe, car la passion est alors démultipliée. Tel est le cas dans les cafés de Lens où les supporters fêtent le titre de champion de France de leur équipe en mai 1998 (ci-dessus). Leur club, modeste financièrement et souvent bien classé, peut compter sur un public fidèle de plus de 30000 spectateurs .

Un autre organisme, celui de Jean-Claude Darmon, assure la régie publicitaire de la moitié des clubs pros français ainsi que le marketing et les droits TV.

Tous ces grands groupes ont réussi à s'assurer le contrôle de la Ligue professionnelle en remplaçant son président, Noël Le Graet, par un partisan de la répartition de la manne de la télévision entre les seuls grands clubs. La Ligue plaide aussi pour l'entrée en bourse des clubs comme c'est le cas par exemple en Angleterre. Elle n'hésite pas à réclamer des privilèges fiscaux notamment en faveur des joueurs.

Ainsi, Manchester United, le club le plus riche du monde, réalise en 1999-2000 un chiffre d'affaires de 188,7 millions d'euros (1,24 milliard de francs) devant le Real de Madrid – 167,2 millions d'euros (1,1 milliard de francs) – et le Bayern de Munich – 144,8 millions d'euros (950 millions de francs).

Les médias et le football

La presse sportive et le football sont interdépendants. Les premiers journalistes, dans l'entre-deux-guerres, sont d'anciens grands joueurs tel Gabriel Hanot, agrégé d'allemand, au *Miroir des sports* ou à *France-*

Football. Le football trouve vite sa place dans la presse populaire et devient une base de la culture ouvrière. Les journaux plus élitistes, d'abord dédaigneux à l'égard de ce loisir populaire, comme *Le Monde*, attendent le dernier tiers du XXe siècle pour traiter du football.

La retransmission radiophonique a connu son âge d'or entre 1925 et 1960. Aujourd'hui, le Multiplex, diffusion simultanée de toutes les rencontres, favorise la survie de ces émissions. L'avènement de la couleur et surtout l'utilisation de plusieurs caméras ont permis le triomphe de la télévision. Le spectacle est désormais vendu à des tarifs énormes et fait l'objet de négociations et de marchandages incessants avec les propriétaires du football, fédérations et ligues. Pour les matchs de l'équipe de France, TF1 verse annuellement 38,11 millions d'euros jusqu'en 2004.

Le championnat de D1 revient à plus de 300 millions d'euros par an à Canal+. Le groupe allemand Kirch s'est assuré les droits sur la Coupe du monde de 2002 auprès de la F.I.F.A. Il a revendu ces droits à TF1 pour la totalité des rencontres et pour un coût de

Les amateurs de football ont à leur disposition de nombreux journaux sportifs. Parmi les plus importants, on peut citer *L'Equipe*, quotidien tiré à 400 000 exemplaires, mais aussi l'historique *France-Football*, un bi-hebdomadaire (120 et 200 000 exemplaires), et le mensuel *Onze Mondial* (180000 exemplaires).

La création d'un groupe qui associe à la fois l'audiovisuel et le marketing sportif sous la forme d'une fusion de Canal+ avec le groupe J.-C. Darmon et la société allemande UFA Sports marque une nouvelle étape dans la «mercantilisation» du football. Sorte de patron occulte du football français, J.-C. Darmon tient la Coupe du monde aux côtés de Didier Deschamps, capitaine du Onze tricolore (ci-contre).

1,1 milliard de francs (167 millions d'euros), soit vingt-cinq fois plus qu'en 1998.

La montée en puissance du football féminin

Moins médiatisé, le football féminin connaît néanmoins une expansion notable, encouragé par les instances de la F.I.F.A. Apparu au début du XXe siècle, il remporte ses premiers succès en Grande-Bretagne, mais aussi en France, alors que les instances du football s'en détournent. Cette entreprise éphémère disparaît à la fin des années 1930 pour réapparaître au cours des années 1960, en particulier dans les pays d'Europe du Nord, puis aux Etats-Unis et en Chine. Les nations de tradition protestante et d'émancipation féminine sont en général les plus favorables au développement du football féminin. Depuis 1996, il est présent aux J. O.

Dans les années 1980, les instances du football ont fini par intégrer le football féminin dans les fédérations nationales, y compris dans la F.I.F.A. La Coupe du monde féminine est organisée depuis 1991 avec pour vainqueurs successifs les Etats-Unis en Chine (1991), la Norvège (1995) et les Etats-Unis à nouveau en Chine (1999). Largement diffusée, la finale de 1999 Etats-Unis-Chine (ci-dessous) a contribué à légitimer enfin le football féminin en raison de la qualité de jeu offert par les deux équipes.

Le football amateur

D'importantes mutations se déroulent dans les pays de tradition footballistique. L'esprit de fraternité communautaire recule. Alors qu'au milieu du siècle dernier, les rencontres entre villages attiraient des centaines de spectateurs, elles sont aujourd'hui désertées du fait de l'augmentation de l'offre sportive et de loisirs et du recul de l'identification au club local.

En revanche, le nombre des pratiquants s'accroît. La F.F.F. se prévaut de 2,2 millions de licenciés. Mais, à l'intérieur des catégories d'âge, de nombreux changements sont intervenus. Il y a une cinquantaine d'années, la tranche des 20 à 30 ans représentait l'immense majorité des joueurs; elle est devenue nettement minoritaire au bénéfice des plus de 35 ans, qui renouent avec le football convivial, et surtout des moins de 20 ans.

Aujourd'hui, des formateurs diplômés confèrent au football le statut de discipline éducative. Mais il y a une pénurie de formateurs et surtout de dirigeants, malgré une présence croissante des femmes. La F.F.F. plaide pour la création d'un statut de dirigeant bénévole qui bénéficierait d'une réduction d'impôts. Quant à la formation des éducateurs, c'est-à-dire des entraîneurs, elle est du ressort de la F.F.F. L'Etat met à sa disposition des personnels diplômés.

Jeu ou spectacle?

Après un siècle et demi d'existence, le football reste une discipline prestigieuse. Les amateurs sont toujours plus nombreux, notamment depuis la victoire française au Mondial de 1998. Ce sport, qui suscite passions exacerbées et débordements fréquents de la part des supporters, est devenu un spectacle surmédiatisé, dont les enjeux financiers et politiques sont colossaux. Que reste-il aujourd'hui du football des pionniers?

Le 12 juillet 1998, une foule multi-ethnique communie derrière le drapeau tricolore. Des sociologues pressés ont voulu voir dans cette explosion de joie un indice probant de l'effet bénéfique du football pour l'intégration. Trois années plus tard, des jeunes issus de l'immigration ont sifflé «La Marseillaise» et envahi la pelouse du Stade de France avant la fin du match France-Algérie (ci-dessus), à la grande déception des joueurs français et algériens qui voulaient faire de cette rencontre une fête sportive.

TÉMOIGNAGES ET DOCUMENTS

Des intellectuels font l'éloge du football

Dans l'entre-deux guerres, les journalistes spécialisés s'interrogeaient sur les raisons qui conduisaient les intellectuels à afficher leur passion pour le rugby et à dédaigner le football depuis qu'il s'était démocratisé. Rares étaient ceux qui, à l'instar de Giraudoux et de Maurois, avouaient leur intérêt pour le football, définissaient des valeurs sportives et morales qui ne se retrouvent pas toujours sur le terrain…

La guerre et le football en compétition

Dans notre univers de 1933, où toutes les nations sont devenues nationalistes et se ceignent de remparts – tarifs ou haines – autrement étanches que les murs de la Chine, il n'est plus que deux organisations de caractère international, celle des guerres et celle des jeux. Elles s'exercent sur les mêmes citoyens, sur la jeunesse du monde, la guerre gardant cependant une préférence pour les mâles. Elles les poussent toutes deux vers l'état de santé maximum. L'une les revêt des uniformes les plus invisibles, l'autre de couleurs éclatantes, l'une les cuirasse, l'autre les dénude, mais par l'effet d'un parallélisme indiscutable, il se trouve que chaque pays possède maintenant une armée ou une milice dont l'effectif égale juste celui de l'armée que mobilise chez lui le sport le plus répandu, le Football.

Il y a dans cette équivalence un symbole dont le sens doit être dégagé au début d'un livre consacré à la gloire du Football. Les forces de jeu équilibrent les forces de combat dans l'humanité, et elles ne se confondent pas avec elle. Elles forment une des données qui servent à peser les nations, qu'on juge maintenant autant d'après leur corps que d'après leurs armes. Une nation est aujourd'hui un organisme dont la santé morale s'exprime, comme jadis, par ses arts et son activité, mais dont la santé physique s'exprime pour la première fois non seulement par son armée, mais par ses sports. Ce n'est plus une épée que l'homme d'Etat jette dans la balance, mais un homme nu, et l'effet est le même. Par leurs succès olympiques au football, Argentine et Uruguay ont mieux révélé la vigueur de l'Amérique du Sud que par toute autre propagande et en ont eu le bénéfice. […]

Car, plus encore que roi des sports, le Football est le roi des jeux. Tous les grands jeux de l'homme sont les jeux avec une balle, que ce soit le tennis, la chistera ou le billard. La balle est dans la vie ce qui échappe le plus aux lois de la vie. Elle est ce qui est le plus utile. Elle a sur la terre l'exterritorialité de quelque bolide provisoirement apprivoisé. Elle n'est reliée en rien avec la notion de l'être animal, qui est celle du crampon, et, satellite léger du globe aux lois duquel elle obéit sans zèle et avec des dérogations fulgurantes, elle a la vertu magique de n'être rien ici bas, qu'être balle. Le Football doit son universalité à ce qu'il a pu donner à la balle le maximum de son effet. L'équipe de football, c'est le mur de la chistera, soudain intelligent, la bande de billard douée de génie. En plus de son propre principe, celui du rebondissement, de l'indépendance, l'équipe donne à la balle le moteur de onze malices et onze imaginations. Si les mains ont été supprimées du jeu, c'est que la balle par leur intervention cesserait d'être balle, et le joueur aussi. Les mains sont des trucs; elles ont été données uniquement aux deux animaux truqueurs, à l'homme et au singe. La balle n'admet pas le truquage, mais seulement les effets stellaires.

Jean Giraudoux, préface
à *La Gloire du football*,
Aubier-Montaigne,
Paris, 1933

Discours de M. André Maurois, de l'Académie française, au jubilé du football français en 1949

L'un des hauts lieux de l'Esprit reçoit ici les athlètes. Les philosophes, loin de reconduire les joueurs de football, couronnés de fleurs, jusqu'au seuil de leur République, leur en ouvrent toutes grandes les portes et sont heureux de les y accueillir.

Les écrivains se souviennent que quelques-uns des meilleurs d'entre eux, et par exemple Jean Giraudoux, ont été, comme jadis les poètes grecs, des héros du stade. [...]

Les moralistes enfin doivent louer votre sport, parce qu'il exige à chaque instant l'accord des muscles et de l'esprit.

Les profanes eux-mêmes savent que la force pure n'est pas ce qui conquiert et gouverne vos terrains.

S'il faut que ces équipes soient vigoureuses, adroites et rapides, le rôle de l'intelligence n'y est pas moindre. Le parfait joueur est celui qui s'est rendu maître de son corps et sait obtenir de soi, au dixième de seconde favorable, que le pied frappe la balle suivant un angle bien calculé, mais c'est aussi celui qui, gardant l'esprit sans cesse en éveil, sait juger d'un coup d'œil les positions de ses coéquipiers, celles du camp adverse et les chances d'un passage.

Grande école d'action! Que d'hommes, en tous domaines, voient clairement ce qu'il faudrait faire, mais ne le font jamais parce qu'ils ne sont maîtres de leurs émotions ni de leurs mouvements. «Que de fautes, disait Socrate, l'intelligence commet parce que le corps n'est pas bien dressé.» [...]

Le spectateur, quand, sur un terrain de football, il regarde charger une équipe bien entraînée, admire la rigoureuse géométrie de cette progression. De belles figures, d'ingénieuses épures sont dessinées par le ballon, comme dit Etienne Lalou, «sur un tapis vert enchanté». Des problèmes mathématiques d'une infinie complexité sont posés à chaque instant et résolus dans l'éclair d'une pensée active. En nul autre lieu, la science des combinaisons ne produit des effets aussi foudroyants.

Une belle partie, c'est de l'intelligence en mouvement. Bien plus : c'est de l'intelligence incarnée. L'Esprit a pris pour instruments ces corps dociles et bondissants. Et là est la vraie grandeur de l'homme. Dans cette terrible et superbe partie qu'est la vie, ne sommes-nous pas tous jetés sur le terrain de cette planète voyageuse, et tous engagés dans la difficile opération de pousser jusqu'au but, c'est-à-dire jusqu'à l'accomplissement, l'invisible ballon d'un idéal? Le succès dans ce jeu de la vie ne dépend-il pas à la fois de la pensée mesureuse d'angles, calculatrice de chances, et d'un corps que rien n'arrête, que rien n'effraie? Et dans ces deux jeux, le vôtre et celui de l'humanité, la force qui triomphe en dernier ressort n'est-elle pas la même : «la volonté»?

Grande école d'action, disais-je. Mais aussi grande école de caractère. Votre sport vous enseigne à ne jamais désespérer, à remonter les pentes les plus abruptes. Nous avons tous vu des parties gagnées dans la dernière minute du jeu. Vous connaissez les beaux vers de Kipling :

Si tu sais rencontrer Triomphe
après Défaite
Et recevoir ces deux menteurs
d'un même front,
Si tu peux conserver ton courage
et ta tête
Quand tous les autres les perdront,
Alors les Rois, les Dieux, la Chance
et la Victoire
Seront à tout jamais tes esclaves
soumis
Et, ce qui vaut bien mieux que
les Rois et la Gloire,
Tu seras un homme, mon fils.

Cette strophe définit admirablement une des vertus qui font la valeur morale de notre sport : la ténacité. Mais la ténacité sans hargne.

La ténacité respectueuse, jusqu'au fort de la lutte, des règles et de la courtoisie. Le véritable sportif veut gagner bien sûr, mais il ne joue pas pour gagner. Il joue pour l'honneur du jeu, et c'est ce double aspect d'acte gratuit et d'acte volontaire qui donne au sport un caractère unique et fait de lui, pour un peuple, un si précieux enseignement.

Car les joueurs ne sont pas seuls à participer aux leçons du sport. Pour le spectateur aussi, une partie de football est un des grands spectacles humains. Grand d'abord par les foules assemblées. Cent mille hommes et femmes autour d'un stade, dont la noble forme elliptique se rattache aux plus anciennes traditions du monde occidental, c'est déjà un admirable tableau que cette foule s'offre à soi-même. Et sans doute des réunions politiques peuvent, elles aussi, susciter de tels concours populaires, mais le caractère inimitable des foules sportives, c'est qu'elles sont heureuses et bienveillantes. Elles rient, elles chantent, elles mangent. Parfois elles crient, elles encouragent, elles poussent, pour un but manqué, des soupirs prométhéens, mais leur ardeur n'est jamais agressive. Bien qu'elles soient formées de partisans et divisées par des vœux opposés, elles acceptent par avance le jugement du sort. Sur le terrain de sport, l'adversaire est un ami, comme il l'était jadis dans les tournois. Le mot sportif est la moderne traduction du mot chevaleresque. Etre sportif, pour le spectateur, c'est respecter celui que l'on combat, c'est applaudir aux beaux exploits du rival, c'est garder le sourire dans la défaite, en un mot c'est pratiquer les vertus sur lesquelles est fondée toute civilisation.

On a souvent dit ce que l'Angleterre dut, dans sa glorieuse histoire, au football, au cricket [...]. Mais les bienfaits du sport se sont, depuis un demi-siècle, largement étendus à nos foules françaises. Je me souviens d'un temps où arbitrer en France certains grands matchs qui soulevaient de sauvages passions était un acte d'héroïsme. Aujourd'hui, nos foules se montrent tolérantes parce qu'elles sont devenues compétentes. Elles savent juger de la beauté d'une passe, de la tactique d'un capitaine, de l'équité d'un arbitre. En un temps où les hommes ne sont que trop sollicités de se haïr les uns les autres, le sport demeure la meilleure école de dignité, de justice et de tenue collective.

Peut-être est-il permis d'espérer qu'un jour les rivalités nationales, encore si âpres et si dangereuses, prendront peu à peu des formes sportives. Nous sommes à une époque où les progrès de la technique commandent à l'humanité, si elle ne veut disparaître, l'unité universelle. «Un monde ou pas de monde», nous disent les savants, mais pour faire des Nations Unies, encore faut-il des nations.

[...] Nous avons besoin de luttes internationales, et cependant nous devons empêcher ces rivalités de prendre un caractère guerrier et destructeur. Le sport nous apportera peut-être l'une des solutions de ce problème qui est celui de la survie de notre espèce. Voyez ce que sont les Jeux olympiques, comment les nations pacifiques s'y retrouvent désireuses certes d'y triompher et de voir au mât de la victoire monter souvent leur pavillon, mais heureuses aussi d'admirer les belles performances des autres, et de s'émerveiller de la perfection du corps humain. Un grand match de l'équipe de France contre une autre équipe nationale, c'est sans doute une lutte où les Français désirent triompher, mais c'est aussi une manifestation d'amitié où la passion commune du sport fait que deux peuples éprouvent, l'espace d'une partie, des sentiments identiques et fraternels.

Enfin, il importe de dire que ce qui fait votre sport louable entre tous, c'est qu'il est un sport d'équipe. Je transformerai ici le mot de Goethe : «Penser est facile, agir est difficile; agir en groupe est ce qu'il y a au monde de plus difficile.» L'homme a peut-être été jadis un animal de horde. En devenant un individu, une personne humaine, ce qui en soi était hautement souhaitable, il a parfois trop oublié les lois de l'action commune. Il a poursuivi tant de fins égoïstes qu'il lui arrive d'oublier que, si la nation perd la partie, si les hommes perdent la guerre, rien ne sert alors à tel joueur d'avoir brillé d'un éclat solitaire. Votre sport vous enseigne à jouer avec l'équipe, pour l'équipe, par l'équipe. Il vous apprend la discipline, sans laquelle nulle victoire n'est possible, l'abnégation qui donne de plus grandes joies que l'orgueil, la camaraderie qui est la forme collective de l'amitié. Par là, sans discours ni sermons, il fait de vous de bons citoyens. Nul ne peut gagner seul. Telle est la grande, la suprême leçon que vos joueurs, sur tant de tableaux verts enchantés, nous donnent chaque semaine. Nul ne peut gagner seul, et nous faisons, au grand jeu de l'Histoire, tous partie de l'équipe de France. Si votre jeu fait pénétrer cette idée simple et vraie dans toutes les têtes françaises, il aura bien mérité de la patrie.

André Maurois,
Discours 1888-1949,
Jubilé du football français,
Fédération française de football, Paris

Un amplificateur des passions nationales

Dès le début, les principaux clivages idéologiques et sociaux ont interféré dans le monde du football. L'équipe régionale ou nationale porte toutes les aspirations du public. Lorsque les tensions montent dans la société, le match les reproduit dans le stade. L'affrontement sportif peut alors dériver vers un combat politique, idéologique ou religieux.

Une caisse de résonnance

[…] Dans d'autres pays aussi, le football sert de caisse de résonance à des protestations sociales. En Chine, par exemple, où les déchaînements dans les stades sont fréquents. Une violente émeute provoqua, en mai 1988, des dégâts considérables (commissariats détruits, quartiers incendiés) dans la ville de Nanchong, dans le Sichuan, après un match de football. Les émeutiers, des jeunes chômeurs, exprimaient le mécontentement populaire face aux inégalités nées des réformes.

Si, par quelques traits, le football possède une fonction de détonateur social et s'il apparaît parfois comme le substitut contemporain de la religion, il reste fondamentalement un amplificateur des passions nationales. Au cours d'une partie, ce sont les «vertus de la nation» qu'incarnent les joueurs – virilité, loyauté, fidélité, esprit de sacrifice, sens du devoir, sens du territoire, appartenance à une communauté; et le match – véritable drame sacrificiel – est lui-même une des rares occasions où s'exprime, de façon collective, ce minimum culturel commun qui scelle l'adhésion d'une communauté aux vertus personnifiées par les joueurs. Le football devient un miroir de nos sociétés.

[…] Le football favorise alors tous les investissements mythiques, les projections imaginaires et les fanatismes patriotiques. […]

Le régime de Franco, en Espagne, tenta d'imiter, dans ce domaine également, l'Italie fasciste. Mais il se heurta aux nationalismes locaux (basque, catalan, galicien), qui détournèrent le football au profit de leurs thèses. Le club de Bilbao, l'Athletic (devenu sous le franquisme Atletico), contournant les interdits formels, devint officieusement

«l'équipe nationale» basque, n'alignant que des joueurs d'origine basque. Malgré toutes les censures, aller au stade soutenir l'Athletic était alors (et dans une certaine mesure cela le demeure), pour un supporter, une façon d'affirmer son nationalisme.

Il en était de même en Catalogne avec l'équipe de Barcelone; ou en Galice, avec le Celta de Vigo, dont les joueurs arboraient des maillots aux couleurs (bleu ciel et blanc) du drapeau galicien interdit… Sous l'apparence d'un Etat pacifié et centralisé, l'Espagne demeurait un pays plurinational; et chaque dimanche, dans les stades, s'affrontaient et se confortaient les divers patriotismes locaux. […]

Autre lieu de crise : l'Irlande du Nord. Comme dans la vie politique, le clivage confessionnel entre catholiques et protestants se retrouve dans les stades. Un exemple : le club de Belfast, Lindfield, où «dirigeants, joueurs et supporters sont exclusivement protestants», n'est pas autorisé, pour des raisons de sécurité, à rencontrer le seul club catholique de la ville, Cliftonville, sur le terrain de celui-ci situé en plein territoire catholique. Les matches, aller et retour, se disputent, sous haute surveillance, en terrain neutre, à Windsor Park.

Cette opposition confessionnelle entre catholiques et protestants est une importante caractéristique du football au Royaume-Uni. On la retrouve en Ecosse et en Angleterre où elle donne lieu à de fortes rivalités qui sont à l'origine, en partie, du hooliganisme. Ainsi, à Glasgow, les matches entre le club catholique du Celtic et le club protestant des Rangers s'achèvent généralement par des heurts extrêmement violents (soixante-dix morts et une centaine de blessée le 2 janvier 1971). A Liverpool, les rencontres entre l'équipe protestante Liverpoll FC et le club local catholique Everton donnent traditionnellement lieu à de semblables déchaînements.

Les autres continents ne sont pas à l'abri; en Amérique centrale, en juin 1969, un match opposant El Salvador au Honduras s'achevait dans la confusion, provoquant la rupture des relations entre les deux Etats, suivie d'une déclaration de guerre et de l'invasion du Honduras par l'armée salvadorienne. A Lima, un but refusé lors d'un match entre le Pérou et l'Argentine avait provoqué le 23 mai 1964 une bagarre générale où explosèrent les rivalités et antagonismes nationalistes. Bilan : trois cent vingt morts, plus de mille blessés.

En identifiant une équipe de football à une nation ou à une ethnie, les débordements se multiplient, exacerbés par le délire populaire et par l'amplification des médias. Jusqu'à l'absurde.

On ne joue pas pour jouer, on joue pour gagner. Le football de masse satisfait ainsi le désir pervers d'affronter un ennemi pour mieux définir l'identité nationale. La haine pour la haine s'ajoute à la détestation gratuite, sans raison souvent d'une idée névrosée de la nation.

Ignacio Ramonet,
Le Monde Diplomatique, juillet 1990

Les styles de jeu collectifs

L'histoire et les conditions naturelles – c'est-à-dire l'état des terrains, la culture spécifique ou encore les différences de morphologie des joueurs – produisent un style de jeu particulier à chaque latitude et même à chaque pays.

Football anglais : rude et athlétique

Cette puissance du football anglais, cette nécessité sous le signe de laquelle elle se manifeste se répercutent sur la nature du jeu et dans l'emploi des tactiques. Le football des «pros» anglais est rude et athlétique. Les contacts d'homme à homme y sont sévères. Les charges, les tackles y sont impitoyables. La façon de frapper le ballon, de le transmettre, porte aussi la marque de la puissance. Pour vaincre l'adversaire, on ne cherche plus à le surprendre par la subtilité, par l'habile progression. Il s'agit de le dérouter par de larges déplacements de jeu, par une mobilité générale qui permet le démarquage rapide. C'est ainsi que la technique proprement dite du football, dont on dit généralement qu'elle est universelle, se trouve influencée par le climat social dans lequel le jeu est amené à se développer. C'est une technique d'artisans, d'ouvriers du football que celle des Anglais, à l'encontre de celle des Sud-Américains, qui sont beaucoup plus des artistes et des acteurs et qui visent à l'effet spectaculaire. Si nous considérons par exemple le tackle, qui consiste à bloquer le ballon dans les pieds d'un adversaire, ou à l'en dévier, il est pratiqué par le footballeur anglais avec netteté, autorité et debout. Le Sud-Américain au contraire le pratique sous la forme glissée, une forme en quelque sorte subreptice. En forçant un peu la comparaison, l'on pourrait dire que le Sud-Américain agit avec la ruse d'un pickpocket, tandis que l'Anglais avec son tackle debout, opère avec la décision et la netteté d'un agresseur direct!

Football autrichien : élégance et grâce

C'est à Vienne cependant que la tradition écossaise a été le plus fidèlement respectée. Cette fameuse école viennoise, cette «Wiener Schule» dont les Autrichiens parlent si fréquemment, autant par nostalgie que par orgueil déçu, est bien ce qui reste d'essentiel dans ce legs d'un passé merveilleux. Peut-être, de nos jours, l'école viennoise subit-elle de vives critiques de la part des étrangers, qui font à ce sujet une confusion entre le style et la tactique. De la paternité écossaise, les Viennois ont conservé l'élégance du geste et la précision de la manœuvre. Cette élégance et cette précision ont été poussées jusqu'à un raffinement qui n'est plus sans doute dans le goût du jour, mais qui confère au jeu une qualité de haute culture. Le dribble, la feinte, l'habileté, les joueurs viennois les ont poussés à un degré qui n'a été que rarement atteint ailleurs. Il est possible que dans ce pays des valses légères – c'est du moins la légende qui nous a été transmise, mais la frivolité n'en est-elle pas bannie aujourd'hui par la rudesse des temps? – le football ait pris cette allure gracieuse et contournée qu'on lui connaît encore. Jamais les Ecossais n'ont poussé aussi loin le souci de l'art pour l'art, ni multiplié si abondamment les gestes superfétatoires et aussi inutilement élégants. Bien souvent, le football viennois paraît oublier la signature qui couronne l'œuvre et s'attarder en des cheminements pittoresques. Il est une séduction pour l'œil d'un spectateur compétent et averti qui se complaît dans la contemplation d'une manœuvre savante au risque d'en oublier la raison d'être, qui est l'efficacité. Cet aspect de parade et de démonstration a valu au football autrichien l'épithète de précieux dont il ne parvient pas à s'affranchir et qu'il ne mérite d'ailleurs pas entièrement.

L'on se souvient cependant que si, naguère, dans une période qu'on peut fixer de 1928 à 1934, le football autrichien a brillé au tout premier rang en Europe, ce n'est point seulement en raison de la facture du jeu qu'il produisait, mais bien en raison des victoires que cette facture conditionnait. Peut-on dire qu'il était coupable de préciosité, ce «Wunderteam» (équipe merveilleuse) qui s'assura tant de conquêtes et qui fut le premier à inquiéter sérieusement l'équipe d'Angleterre, à Londres même. [...]

L'on a dit et répété que la «Wiener Schule» est désormais périmée et qu'elle ne s'accommode plus de l'orientation moderne du football. Il se peut que le football autrichien ait souffert d'un attachement trop exclusif aux tactiques anciennes. L'hostilité ouverte au WM, par exemple, est une attitude que l'on peut critiquer. Mais il convient de remarquer aussi que si les Autrichiens n'ont cessé de proclamer leur fidélité aux principes du jeu offensif, ils ont cependant accordé dans leur équipe nationale une très grande attention à l'organisation défensive, ainsi qu'en témoigne ce dispositif du verrou qui consiste à placer un plus grand nombre d'éléments dans le compartiment défensif que dans le compartiment offensif. Mais cela n'a rien à voir avec l'école viennoise qui a continué à propager le culte de la technique, et qui n'a jamais recommandé la stérilité dont les Autrichiens se plaignent aujourd'hui.

Football sud-américain : technique et virtuosité

[...] Mais, au-dessus de ces particularités secondaires, on constate qu'une même conception du football s'accuse chez ces différents peuples sud-américains. Une technique individuelle portée au plus haut degré, inconcevable chez les meilleurs Européens, un art consommé dans l'exécution, l'amour du football pour lui-même et pour la qualité du spectacle qu'il procure, une très grande mobilité générale qui dispense sans doute de prendre en trop grande considération les méthodes et les consignes, le goût de l'exploit théâtral (qui est chez eux un goût superlatin) poussé souvent jusqu'à l'acrobatie, chez les Brésiliens, une remarquable virtuosité dans le contrôle du ballon, la précision et la rapidité des passes, la subtilité des feintes et des dribbles, l'abandon de certaines règles du football comme la charge, considérée comme un obstacle à la pureté du jeu, à sa noblesse et à sa distinction, voilà bien toute une suite de spécialités propres aux Sud-Américains et qui autorise à parler d'une Ecole sud-américaine de football. L'on a pu dire, à juste titre, que le football pratiqué dans ce continent était un autre football que celui qui se pratique chez les meilleurs d'Europe.

Football brésilien : la recherche de l'exploit théâtral

Le jeu des Brésiliens est celui qui nous paraît avoir atteint le plus haut degré de raffinement. Leurs équipes comprennent un grand nombre de joueurs de couleur qui pratiquent un football instinctif, un football à l'état de nature, pourrait-on dire, tant leurs mouvements, leurs gestes, leur mobilité sont faciles et aisés. Ce que nous prenons pour du raffinement n'est que l'expression de leurs aptitudes naturelles, d'un goût inné pour le maniement du ballon. Les qualités de souplesse dont ils font preuve sont bien celles de leur race. Il ne peut donc être question de rivaliser avec eux dans ce domaine. C'est par d'autres qualités qu'il convient de les combattre, par une action plus directe, par un sens plus objectif, un esprit plus réalisateur, car dans leur souci de démonstration et leur recherche de l'exploit théâtral, il est bien vrai que ces Brésiliens oublient trop souvent l'essentiel du jeu, c'est-à-dire la conquête du but, le résultat en un mot. Il n'est pas que de cheminer sur le terrain pour la séduction du public; il convient aussi de marquer des buts. Or ce souci apparaît secondaire chez les Brésiliens, encore que leurs tournées en Europe soient la plupart du temps victorieuses et que ce fait consacre le grand mérite de leur technique.

Maurice Pefferkorn,
«Les Ecoles de football»,
Kister-Schmidt, Genève-Zurich, 1954

Football africain : le goût de l'offensive

De même qu'en Europe le style des joueurs britanniques est très différent de celui des Italiens ou des Espagnols, de même qu'en Amérique du Sud on observe une grande variété de styles, de même en Afrique, en raison seulement des dimensions du continent, on ne saurait assimiler le jeu pratiqué par les Guinéens ou les Algériens à celui des Marocains et des Tunisiens, par exemple. Là comme ailleurs, chaque football a sa propre personnalité.

Il n'est cependant pas plus abusif de parler de football africain que de football européen ou de football sud-américain.

Parce que, au sein de chacun de ces continents, on décèle des caractéristiques communes à tous les footballs.

Il y a une quinzaine d'années, le dénominateur commun aux composantes très diverses du football africain était de toute évidence un goût inné pour le jeu offensif. Dès avant la Seconde Guerre mondiale, l'Europe découvrit cette caractéristique en la personne d'un attaquant prodigieusement doué qui devait faire le bonheur de l'équipe de France : le Marocain Larbi Ben Barek, dont la carrière professionnelle devait se poursuivre dans les rangs de l'Atletico de Madrid. Après la guerre, un autre grand attaquant venu du Maroc, Hamiri, prit le relais durant quelques mois, avant qu'un grave accident ne vînt mettre une fin prématurée à sa carrière, qui s'annonçait brillante. Puis ce furent les Algériens : Mekhloufi, génial constructeur de jeu qui a laissé à Saint-Etienne un souvenir que n'ont pas effacé les hymnes à la gloire de Rocheteau, et Ben Tifour, que la sélection tricolore enrôla illico.

Je ne prétends pas donner la liste complète des footballeurs maghrébins qui se sont illustrés sur les stades d'Europe. Mahjoub Faouzi s'en charge dans les chapitres de son livre : ce qu'il convient de noter ici, c'est que l'Afrique noire suivit bientôt l'exemple du Maghreb. Le Malien Salif Keita fut sans conteste son représentant le plus prestigieux. En devenant l'une des vedettes du championnat de France sous les couleurs du club de Saint-Etienne, il démontra que tous les Africains pouvaient fort bien s'adapter aux conditions climatiques d'un pays aux hivers rudes.

Nous l'avons dit plus haut, la caractéristique commune des footballeurs africains était leur goût inné du jeu offensif, c'est-à-dire du vrai football, qui est joie du jeu et de la création. D'où vient qu'ils semblent avoir perdu ce goût si l'on observe le comportement actuel des équipes représentatives du football africain, tant dans les compétitions continentales qu'en Coupe du monde? L'explication est simple. Au lieu de développer les qualités de leurs joueurs qui les orientaient naturellement vers l'attaque, les dirigeants africains ont placé leurs meilleurs éléments et leurs meilleurs équipes sous la coupe d'entraîneurs européens. Rares sont les techniciens venus de l'Ancien Continent qui ont compris que leur rôle consistait à aider les Africains à prendre conscience de ce que leur instinct leur dictait. L'indigence intellectuelle et la stupide vanité incitèrent ces produits du conformisme européen à imposer ce que, dans leur ignorance, ils considéraient comme le fin du fin du progrès en matière sportive : le jeu défensif et la spéculation sur la contre-attaque.

Contraints de pratiquer un jeu contre nature, les footballeurs africains réalisèrent en Coupe du monde des performances médiocres qui ne contribuèrent qu'à renforcer le complexe d'infériorité dont les avait chargés l'enseignement des entraîneurs européens. Pourtant, les dirigeants des fédérations nationales d'Afrique n'ont pas modifié leur politique. Ils continuent à engager des entraîneurs qui récitent et inculquent des conceptions désastreuses pour le présent et l'avenir du football africain tout entier. En football, l'Afrique devra se libérer, retrouver ce qui l'a fait sortir de l'ombre et qui fera un jour sa grandeur : son goût du jeu de création, son goût de l'offensive.

François Thébaud,
préface de *Le Football africain,*
de Faouzi Mahjoub,
Editions Jeune Afrique, Paris, 1988

Les joueurs en action

La renommée des grands joueurs est aujourd'hui planétaire. Outre la télévision qui offre directement les actions de jeu de ces héros modernes, les journalistes aiment à décrire leur style inimitable, leurs exploits techniques sur le terrain.

Garrincha, la «joie du peuple» et son dribble

L'efficacité du dribble de Garrincha semble liée à l'allure si étrange de son corps, mais aussi à sa grande capacité d'accélération. Car l'étonnant était la lenteur avec laquelle il emmenait la balle, sa façon de s'arrêter totalement devant l'adversaire pour jaillir soudain et, grâce à son extraordinaire impulsion, passer d'une apparence d'équilibre instable à une course qui déséquilibrait le joueur adverse, quitte à s'arrêter de nouveau le pied sur la balle pendant que l'autre était emporté par son élan. D'autres joueurs revenaient alors à la charge et Garrincha savait exploiter immédiatement la brèche ouverte dans leur défense. Usant d'une analogie

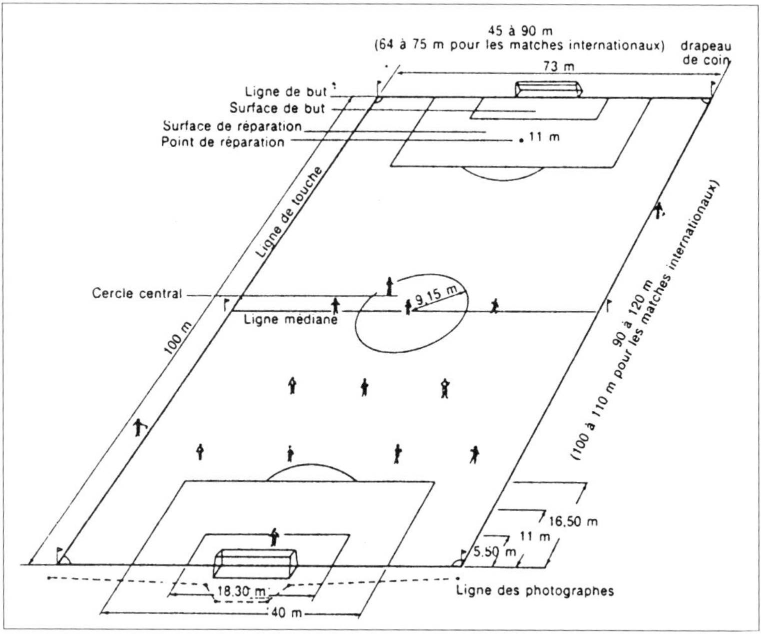

militaire, les journalistes sportifs parlaient à son propos d'un style de «guerillero». Il recevait la balle : vitesse zéro. En une seconde, il se jetait un mètre en avant, grâce à cette explosion musculaire qui le propulsait dans l'espace avec la légèreté d'un oiseau. [...] Il lui suffisait ensuite de freiner son corps et d'obliquer de nouveau vers la droite pour faire s'écrouler l'équilibre universel des arrières latéraux. Très souvent, dans ses semblants de chute, il paraissait abandonner au milieu du chemin son centre de gravité alors qu'à la stupeur des physiciens eux-mêmes, il restait debout et continuait vers la droite, fluide comme une cascade. Le dribble le métamorphosait : il devenait Chaplin, déployant dans le vent une succession merveilleuse de gestes comiques; il était le torero que la multitude saluait à coups de «olé»; il était saint François d'Assise grandi par l'humilité avec laquelle il subissait les coups de pied du désespoir. [...] Il arrivait sur la ligne droite de fond, les arrières encerclant la surface, l'espace se réduisant... un mètre, 50 centimètres, «il n'a plus de place, je vais le contrer». Amère illusion du joueur adverse : pour un dribble de Garrincha, un mouchoir de poche était un «latifundio».

Jose Sergio Leite Lopes et Sylvain Maresca, «La Disparition de “la joie du peuple”», dans *Actes de la Recherche en sciences sociales*, nº 79, septembre 1988

Alfredo Di Stefano : le prodige

La plus prodigieuse carrière de footballeur dont on puisse rêver!
Un proverbe chinois dit : «Que ne serait le lion s'il était singe!» Di Stefano fut lion et singe tout à la fois. On peut le considérer comme le footballeur le plus complet de l'Histoire. Sa vie et son style sont contenus en deux époques. La première, l'ère argentine, au cours de laquelle le jeune Alfredo fut à River Plate et en équipe nationale un avant-centre rapide comme l'éclair [...], terriblement efficace. La seconde, l'ère espagnole (après un séjour en Colombie), qui fut dominée par la Coupe d'Europe des Clubs, remportée cinq fois de suite avec le Real Madrid et par l'évolution du style d'Alfredo. Au joueur uniquement attiré par le but adverse, succéda un footballeur toujours efficace, mais au souffle inépuisable, à la technique de la feinte et de la passe plus utile à l'équipe, à la clairvoyance exceptionnelle et surtout à l'omniprésence extraordinaire.
Di Stefano a inventé un poste nouveau dans l'équipe. Avant-centre nominal, il est aussi, tout à la fois et selon les besoins de la cause commune, homme de milieu de terrain et même arrière. Sa plus grande qualité réside dans son instinct, qui lui permet de se trouver toujours plongé et disponible dans le jeu. Jusque devant le but adverse, où il reste toujours aussi redoutable et efficace. Ce phénomène aura dominé une grande époque du football. Avant de passer le relais à Pelé...

Jean-Philippe Rethacker, *Le Football*, La Table Ronde, Paris, 1963

Raymond Kopa : le «danseur»

Vous trouverez rarement un artiste capable de s'amalgamer d'un seul coup, d'un seul, à un ensemble. Jongleur de balle extraordinaire, Kopa enthousiasmait les foules [...]. Toutes ses temporisations, tous ses atermoiements, toutes ses séances de sur-place n'ont qu'un seul but : démarquer un partenaire et une seule fin : servir dans les meilleures conditions ce coéquipier [...].

Suivre ce lutin astucieux, c'est pour l'arrière central préparer le champ de tir à l'adversaire, l'abandonner, le libérer, c'est favoriser son action préparatoire. Ses services sont précis, ses centres mesurés; il n'adresse pas la balle, il la filtre. Il utilise en particulier à merveille certains coups de pied de revers de l'extérieur du pied pour diriger, sur la ligne de course d'un partenaire, devant une défense désaxée, les balles les plus faciles, les plus efficaces. [...] Ses dribbles préparatoires déconcertent. D'ailleurs dribble-t-il? Il danse plutôt. La vivacité, la spontanéité de ses mouvements, la promptitude de ses écarts et de ses contre-pieds, la sûreté de ses appuis, la maîtrise stupéfiante de ses ruptures et de ses rétablissements d'équilibre rappellent certains danseurs basques [...]. Kopa se sert de tout à la fois et constamment, dans son dribble de l'intérieur et de l'extérieur de chaque pied. Comme le peintre mêlant ses couleurs sur la palette. Kopa travaille le ballon comme s'il voulait le modeler jusqu'au moment où l'adversaire en rupture d'équilibre vacille.

Bibliothèque mensuelle des sportifs,
Numéros champions,
Berger-Levrault, Paris, 1955

Pelé : le génie du foot

Physiquement, il n'est pas douteux que Pelé soit supérieurement doué [...]. Il donne sur le stade une rare impression d'équilibre, d'harmonie, d'élégance et d'aisance qui frappe immédiatement le regard de l'observateur. Cette impression repose sans doute sur la parfaite synthèse des qualités physiques qu'il incarne : puissance et souplesse, vitesse et résistance, détente et solidité au sol [...]. Cet alliage se traduit par des jaillissements musculaires aux environs immédiats du gardien de but adversaire : les formidables reprises de la tête, des slaloms ultra-rapides, des percées à travers les lignes adverses ou des tirs-canons décochés dans n'importe quelle position. Dans les gestes les plus difficiles, ceux qui exigent une énorme dépense musculaire, il donne toujours la même impression d'équilibre, d'élégance naturelle et d'harmonie, sans jamais appuyer ses effets [...]. Il faut dire que la maîtrise technique de Pelé est totale et s'exerce de la même manière quel que soit le rythme de ses gestes [...]. Que les circonstances nécessitent une soudaine accélération ou un arrêt brutal, l'enchaînement des gestes de Pelé reste

Pelé en 1961.

toujours parfait, comme si instinctivement il avait tout prévu une fraction de seconde avant les autres [...]. Il est certain que ce qui le distingue de tous ses prédécesseurs et contemporains, c'est son génie du football.

François Thébaud, *Pelé, une vie, le football, le monde*, Hatier, Paris, 1974

Cruyff : droit au but

Cruyff est un buteur né. Il a le football dans le sang et par là même le sens du but. Mais il n'est pas un buteur particulier : il est le buteur de toutes les tendances. Il possède la vitesse de démarrage, la vitesse de course, l'art consommé du dribble et de la feinte, le tir instantané, la frappe de balle, l'adresse, le culot, le jeu de tête, le sang-froid, la roublardise, les deux pieds, une gamme infinie de coups et le génie inventif [...]. Cruyff sait tout faire sur un terrain et il le montre, baguette de chef d'orchestre en main [...]. C'est un joueur extraordinairement intelligent dont la compréhension de toutes choses est fantastique. Sa qualité principale sur le terrain est de rendre le football aussi simple qu'un jeu d'enfant. Cruyff est un athlète à détente musculaire sèche. Il s'élance et en trois enjambées, atteint sa vitesse maximale. Mais il n'utilise pas aveuglément cette vitesse [...]. D'ailleurs comme tous les joueurs au démarrage foudroyant, Cruyff utilise les arrêts-blocages qui désorientent et déséquilibrent l'adversaire, totalement impuissant sur un deuxième démarrage aussi fulgurant que le premier [...]. Cette vitesse de course, cette vitesse de pensée ne sont pas les seules chez Cruyff. L'as hollandais possède la vitesse de gestes qu'on appelle l'instantanéité. Et il accorde beaucoup d'importance à la vitesse de la balle. C'est pourquoi son jeu est fait de volées et de demi-volées.

Jacques Thibert et Max Urbini,
Cruyff superstar,
Calmann-Lévy, Paris, 1975

Platini : l'orfèvre du coup franc

Comme le patineur sur la glace, Platini se déplace sur le terrain avec la suprême élégance de ceux à qui la balle ne pose plus aucun problème [...]. Comme dans un ballet bien réglé, il enchaîne les gestes techniques les plus divers et les plus difficiles, sans jamais se désunir, sans jamais insulter l'esthétique [...]. Au moment où il s'apprête à recevoir un ballon, il sait déjà, généralement ce qu'il va en faire. Là est la marque des grands joueurs [...]. D'un regard, il a photographié le champ de jeu et il sait à l'instant où le ballon lui arrive lequel de ses partenaires a les meilleures chances de bien faire progresser l'action [...]. Voici dévoilé le secret des terribles coups francs de Michel Platini qui empêchent de dormir les gardiens du monde entier! Pas de trucs, pas de recettes magiques. Une explication : le travail. En forêt de Haye [...]. quatre mannequins de mousse figurant un mur grandeur nature [...]. Plusieurs fois par semaine depuis des années, Platini répète inlassablement les mêmes gestes, donnant à sa balle tous les effets possibles et imaginables, inventant les trajectoires les plus déroutantes.

Philippe Tournon,
Michel Platini, le champion des champions,
Alta Sport, Paris, 1978

Zidane : le passeur décisif

Tout y passe : roulettes, doubles contacts, feintes de corps, râteaux, dribbles et ouvertures [...]. Il donne l'impression de pouvoir monter dans le métro aux heures de pointe avec un costume blanc et d'en ressortir sans l'avoir froissé. Manifestement, le Français a des yeux derrière la tête [...]. Pour arrêter Zidane, il faut faire une faute [...]. Roger Lemerre, admiratif, le compare à un chef d'orchestre, le plus grand qui existe aujourd'hui [...]. En réalité, il a tout pour être un grand buteur : l'instinct, l'adresse, la force, la précision, le bon timing, mais il préfère donner que prendre et ce trait de caractère dans la vie le poursuit sur le terrain.

France Football,
1er juillet 2000

Euphorie française

L'histoire de la Coupe du monde est jalonnée de manifestations de liesse populaire auxquelles se mêlent des enjeux extra-sportifs. En 1934, la victoire de l'Italie, attribuée au régime fasciste, a déclenché une hystérie nationaliste. La défaite du Brésil en 1950 a ouvert une phase de deuil national. En 1954, les Allemands ont assimilé leur victoire à une résurrection politique du pays : «Wir sind wieder wer» (Nous sommes de retour) devint le mot d'ordre. La victoire française en 1998 a réuni dans la même allégresse les Français de toutes origines.

La France voit la vie en bleu

La France s'est réveillée incrédule. Pas tant de la présence de «son» équipe de football en finale de la Coupe du monde pour une apothéose face au Brésil, mais de l'engouement extraordinaire qui a saisi le pays, des villes aux campagnes, des hommes aux femmes, des enfants aux vieillards, des Noirs aux Blancs et à toutes les autres couleurs, des cités de banlieue aux banlieues des bourgeois… La Coupe du monde avait débuté sur un ton un peu pincé. Elle se termine dans une ambiance bigarrée de carnaval qui fait voler en éclats nos célèbres blocages psycho-socio-culturels. […]

Même la ménagère de cinquante ans a déjoué les pronostics des instituts de sondage. En avril, elle avait été déclarée allergique au «foot» à 70 % par l'institut Ipsos. Les chaînes de télévision s'étaient creusé la tête pour lui proposer des programmes alternatifs, spécialement conçus pour elle. Les marques de produits féminins avaient décidé, études à la clé, de déserter massivement les retransmissions du Mondial, Patatras! La ménagère de moins de cinquante ans est devenue une supportrice de moins de cinquante ans. Pour France-Italie, 42 % des téléspectateurs étaient des téléspectatrices, et elles ont peut-être étaient plus nombreuses pour France-Croatie […]. Elles sont seulement devant l'écran, mais dans les stades, dans les bistrots, à discuter et, le soir, au bal à la Bastille pour fêter la victoire avec la jeunesse black-blanc-beur.

L'équipe est à l'unisson du pays réel. Il y en a pour tout le monde. Les sociologues diront plus tard si l'engouement qui traverse le pays est dû à ce phénomène-miroir. Résumons les origines géographiques de nos représentants, deuxième, troisième, cinquantième générations de Français : deux Basques, trois Antillais, un Arménien, un Guyanais, un Breton, un Argentin, un Kabyle, un Ghanéen, un Marseillais, un Italien, un Kanak, un Portugais, un Ariégeois, un Kalmouk, un Poitevin, et quelques autres issus de terroirs divers. «Quel meilleur exemple de notre unité et de notre diversité que cette magnifique équipe», résume Lionel Jospin dans une interview à *La Dépêche du Midi* du vendredi 9 juin. [...]

Emu et surpris par les manifestations de liesse qui se sont déroulées mercredi soir dans 19e arrondissement de Paris, le député PS Daniel Marcovitch pointe «l'élan des jeunes, dont certains n'ont pas dix-huit ans, qui manifestement n'ont pas besoin de demander la nationalité française pour se sentir réellement français». Et il ajoute : «Le bleu-blanc-rouge colorié sur des peaux noires, jaunes ou bistres, c'est aussi la France.»

Jacques Buob,
Le Monde,
11 juillet 1998

«Champions du monde»

Spontanément, les centaines de milliers de personnes affluent rue de Rivoli. «C'est le plus beau jour de ma vie», raconte Norbert, cinquante ans qui crie, comme tout le monde «Zizou! Zizou!» et ajoute : «les hommes politiques feraient bien d'en prendre de la graine». A côté, Moustapha, un Toulousain de vingt-cinq ans, embrasse hommes, femmes qui passent à côté : «Ma patrie! crie-t-il. Ma passion, c'est même pas le foot, c'est la France!» Le vent souffle dans la rue.

Les uns et les autres contemplent les drapeaux, les murs du Louvre, jaugent la marée humaine, l'émotion qui monte. «C'est beau la France», s'exclament certains. Des Brésiliens marchent, tristes et enveloppés de leur drapeau. «Ce sera pour la prochaine fois», console une Parisienne. «On vous a niqués», leur chante un groupe d'adolescents. «Zizou, président!» clame bientôt la foule. Au niveau de la Samaritaine, la foule défile devant les immenses calicots représentant les joueurs de l'équipe de France sponsorisés par Adidas et tout le monde lève les bras.

Place de la Concorde, Louis, un Africain, regarde ses fils Aramo et Léopold, âgés de cinq et sept ans, tenir fièrement leur petit drapeau bleu blanc rouge et chanter : «On est les champions! On est les champions!» Il dit : «Pour eux, la France, c'est en route.» Un homme donne un baiser aux passagères des voitures paralysées. «Zizou! Zizou!» chantent deux Parisiennes. Mohammed se retourne et leur tend la bouche : «un bisou, j'ai cru entendre un bisou?»

D'autres chantent en arabe : «Zidane, tu as la bienfaisance de Dieu.» Des passants boivent dans le bock de bière d'un touriste russe attablé à une brasserie, D'autres viennent serrer les mains des clients, un par un. Céline, trente ans, s'assoit à côté d'un vieux monsieur et crie : «ça y est, j'ai trouvé un mari». «C'est un nouveau départ pour la France, se réjouit-elle. En ce moment beaucoup d'hommes politiques devraient être jaloux de ce qui se passe.» Toute la nuit, la foule prononce les mots qui donnent le vertige : «On est champion du monde.» Et certains le répètent : «Du monde...»

Dominique Le Guilledoux,
Le Monde, 14 juillet 1998

La flambée des transferts

Dans les années 1930, le fait de gagner de l'argent en jouant au football a posé problème avant de devenir la règle. Cependant, les joueurs suivent un apprentissage long, des entraînements intensifs et produisent un spectacle qui induit des recettes. Toutes les conditions sont réunies pour que les lois du marché jouent à plein. Les salaires des grands footballeurs sont aujourd'hui considérables. Les dirigeants des clubs les plus riches font monter les enchères et s'offrent les joueurs les plus prestigieux.

En Espagnol, Zidane se dit «pesetas»...

L'arrivée de Zinedine Zidane au Real Madrid a déclenché une véritable tempête médiatique. En Espagne d'abord, où les quotidiens multiplient les commentaires. Dans les journaux économiques ensuite, où Zizou est analysé comme un placement à court terme...

«The Wall Street Journal» et le «Financial Times» n'ont pas résisté. Les deux vénérables institutions de la finance et du journalisme ont, en cœur, cédé à la «Zizoumania» qui tient en haleine la presse espagnole depuis plus d'une semaine. Il faut dire que les chiffres avancés et la popularité du «roi du monde et d'Europe», comme l'écrit le quotidien sportif madrilène «As», valaient bien la une. Un transfert record de 77 millions d'euros, un salaire annuel net de 5,9 millions d'euros et un club mythique, tous les ingrédients d'une saga footballistique sont réunis. Le «WSJ» ne manque d'ailleurs pas de rappeler que ce transfert s'est effectué calculette à la main. Pour le plus grand bénéfice du club madrilène et de son président, Florentino Pérez, le «roi Midas du Real», toujours selon «As».

Le «WSJ» raconte comment le président du Real Madrid a, en quelques années, réussi à éponger les dettes colossales du club en vendant, pour 300 millions d'euros, le terrain d'entraînement que le club possédait dans la zone la plus recherchée de la capitale espagnole. Puis, il a testé la politique des transferts historiques en rachetant à l'été 2000 le joueur portugais Luis Figo au FC Barcelone pour 65 millions d'euros. Enfin, Florentino Pérez a inauguré une nouvelle ère du merchandising. Le club fait dorénavant signer aux joueurs un contrat d'exclusivité sur les droits Internet, les produits dérivés et le droit à l'image. Cette méthode expéditive a permis au Real d'empocher la coquette somme de 12 millions d'euros en 2000, uniquement sur la vente des maillots frappés du nom de Luis Figo et sur la revente de son image. «M. Pérez espère bien appliquer la recette Figo à Zidane et en faire une véritable tirelire pour le club.»

Tant d'argent, tant de publicité, est-ce bien moral? «El Mundo» balaie ces critiques d'un revers de plume. «Il est facile de s'étonner du montant colossal de ce transfert, les arguments sont les mêmes que lorsque le Barça avait dépensé 1 million de dollars pour Johan Cruyff en 1973. On parle d'indécence, on utilise une pieuse rhétorique qui renvoie à l'époque où le football était un sport à peine professionnel, pratiqué par des gentlemen en caleçons longs. Mais le foot est devenu une formidable machine mercantile, utilisant les mêmes règles que l'industrie du spectacle. Au fond, rien ne distingue le football du cinéma. Depuis que Silvio Berlusconi a intégré le Milan AC au sein de son empire, depuis que Robert Murdoch a sauvé Sky Television en achetant les droits de retransmission du championnat anglais, on sait que le football est une industrie et même parfois une industrie coûteuse. Il est très probable que le transfert de Zidane sera une bonne affaire, à tous les niveaux. Au niveau footballistique d'abord, parce que le Français est une star éprouvée. Au niveau économique enfin, parce que les possibilités d'amortissement de l'investissement sont infiniment plus importantes que pour tout autre joueur du moment.»

Il n'y a guère que le quotidien sportif barcelonais «El Mundo Deportivo» pour faire grise mine. «Le football espagnol d'aujourd'hui récompense la mauvaise gestion [entendez le Real] et châtie les bons élèves [le Barça]. Et le pire, c'est que les médias madrilènes applaudissent à tout rompre. Comment comprendre, par exemple, que certains clubs [le Real] préfèrent se passer d'un véritable ailier gauche pour miser sur un crack [Zidane] ou choisissent de revendre des brassées de joueurs pour s'offrir une star?» Le quotidien n'a que mépris pour «un football qui ne reflète en rien la pluralité espagnole». Enfin, puisque l'on parle chiffres, comptons… «Zidane a presque 30 ans et va coûter au Real 140 millions d'euros sur cinq ans. Est-ce bien raisonnable? On attendait du brillant Florentino Pérez qu'il redresse la situation financière d'un club hypothéqué, grevé de crédits et encore endetté. Au lieu de cela, on nous annonce le rachat d'une star. Et on ose nous parler de rentabilité. Dans mon village, on appelle cela une entourloupe. Il suffit juste d'attendre pour voir.»

Courrier International,
10 juillet 2001

CHRONOLOGIE

1848 : à Trinity College-Cambridge, établissement des règles du football, avec le *dribbling*.
1849 : à Eton, l'usage des mains est proscrit, ce nouveau type de football est désormais appelé *dribbling game*.
1857 : naissance du plus vieux club anglais, le Sheffield Club, amateur.
1862 : naissance du plus vieux club professionnel, Notts County.
1863, 26 octobre : à Freemasons' Tavern-Londres, des clubs londoniens codifient le Football Association et adoptent le *dribbling game*.
1871 : première Coupe d'Angleterre.
1872 : fondation du Havre Athletic Club par la colonie britannique, patronné par F. F. Langstaff. Vrais débuts du football association en France. Première rencontre internationale de football, à Glasgow : Ecosse-Angleterre.
1879 : création du Paris Football Club.
1881 : création des Girondins de Bordeaux, puis du Racing Club de France (1882) et du Stade français (1883).
1882, 6 décembre : conférence internationale à Manchester, officialisation des règles quasi définitives.
1885 : débuts du championnat professionnel en Angleterre, et de la Football League, première ligue professionnelle.
1886 : création par les Anglais de l'International Board, organisme qui régit les règles.
1887 : création de l'Union des sociétés françaises des sports athlétiques (U.S.F.S.A.), première des fédérations sportives.
1891 : à Paris, naissance de deux clubs de football association, les White Rovers et le Standard Athletic Club (ex-Gordon Football Club) et première rencontre entre clubs.
1892 : fondation du Club français, premier formé exclusivement de joueurs français.
1893 : les clubs parisiens de football association sont admis au sein de l'U.S.F.S.A.
1893-1894, avril : premier Championnat de France de football, entre les six clubs parisiens, organisé par l'U.S.F.S.A., disputé sur quatre semaines et remporté par le Standard Athletic Club.
1895, novembre : le Club français remporte le premier Championnat de France par points.
1898 : le docteur Paul Michaux fonde la Fédération gymnastique et sportive des patronages de France (F.G.S.P.F.).
1899 : Le Havre Athletic Club, premier club de province qui remporte le Championnat par points.
1901, 14 avril : premier tournoi de football des équipes de patronage (F.G.S.P.F.) à l'hippodrome de Vincennes.
1902 : première rencontre entre deux sélections nationales européennes : à Vienne, Autriche-Hongrie.
1904, mai : création de la F.I.F.A. à Paris. (L'Angleterre y adhérera en 1906.)
1906, 1er novembre : l'équipe de France est battue par les Anglais au Parc des Princes (première rencontre).
1912 : première apparition du football aux jeux Olympiques de Stockholm.
1917, 15 janvier : naissance de la Coupe de France (coupe Charles-Simon) grâce au docteur Michaux et à Henri Delaunay.
1917-1918 : quarante clubs participent à la Coupe de France.
1918, 5 mai : première finale de la Coupe de France, jouée à Paris. Pantin bat Lyon.
1919, 7 avril : création de la Fédération française de football association (F.F.F.A.).
1921, 5 mai : la France bat l'Angleterre au stade Pershing.
1927, 8 mai : Gaston Doumergue (premier président de la République à assister à une finale) remet la coupe aux joueurs de Marseille à Colombes.
1929 : création des premiers clubs de supporteurs. En France, le 17 mai, la F.I.F.A. décide de l'organisation du premier Championnat du monde. Jean-Pierre Peugeot fonde le F.C. Sochaux, formé de joueurs professionnels, dans l'idée d'une grande compétition réservée aux meilleurs clubs. C'est la Coupe Sochaux (qui deviendra le Championnat de France professionnel).
1930 : première Coupe du monde, disputée en Uruguay, par treize nations (remportée par l'Uruguay).
1932, 17 janvier : instauration du professionnalisme en France.
1932-1933 : début du Championnat de France professionnel.
1955 : première finale de la Coupe de France retransmise à la télévision.
1956 : l'U.E.F.A. organise la Coupe des clubs champions européens (à laquelle participe chaque vainqueur de championnat national).

1958 : première coupe de l'U.E.F.A.
1960 : première Coupe du monde des clubs et premier Championnat d'Europe des nations.
1961 : création d'un syndicat des joueurs, l'Union nationale des footballeurs professionnels (U.N.F.P).
1968-1969 : premières publicités sur les maillots des joueurs français.
1972 : première grève, organisée par l'U.N.F.P, et création de l'Institut national du football à Vichy.
1978 : campagne de boycott contre le Mundial en Argentine.
1982 : création d'un Championnat d'Europe féminin.
1984, 27 juin : la France remporte le Championnat d'Europe.
11 août : la France obtient sa première médaille d'or aux jeux Olympiques, à Los Angeles.
1985, 29 mai : drame au stade du Heysel, à Bruxelles, lors de la finale de la Coupe d'Europe des clubs champions. A la suite d'un incendie allumé par des hooligans, une bousculade fait trente-huit morts.
1989, 15 avril : quatre-vingt-quinze personnes trouvent la mort dans une bousculade au cours d'un match dans le stade de Sheffield, en Angleterre.
1990 : victoire de l'Allemagne lors de la XIXe Coupe du monde de football, en Italie. Le Cameroun est la première équipe nationale africaine à atteindre le quart de finale de la Coupe du monde, avant de s'incliner face à l'Angleterre.
1994 : victoire du Brésil lors de la Coupe du monde, qui se tient pour la première fois aux Etats-Unis. Le Brésil entre dans la légende, seul pays à avoir gagné à quatre reprises la Coupe du monde.
1998 : la Coupe du monde se déroule en France. Pour l'occasion, a été construit le Grand Stade de France, œuvre monumentale des architectes Macary, Zublena, Costantini et Regembal, à Saint-Denis, dans la banlieue parisienne. Victoire de la France.
2002 : Pour la première fois, la Coupe du monde a lieu en Asie. Elle est organisée par le Japon et la Corée du Sud.

PALMARÈS

PALMARÈS INTERNATIONAUX

Coupe du monde

1930 Uruguay bat Argentine
1934 Italie bat Tchécoslovaquie
1938 Italie bat Hongrie
1950 Uruguay bat Brésil
1954 Allemagne bat Hongrie
1958 Brésil bat Suède
1962 Brésil bat Tchécoslovaquie
1966 Angleterre bat Allemagne
1970 Brésil bat Italie
1974 Allemagne bat Pays-Bas
1978 Argentine bat Pays-Bas
1982 Italie bat Allemagne
1986 Argentine bat Allemagne
1990 Allemagne bat Argentine
1994 Brésil bat Italie
1998 France bat Brésil

Coupe d'Afrique des Nations

1957 Egypte
1959 Egypte
1962 Ethiopie
1963 Ghana
1965 Ghana
1968 Congo-Kinshasa
1970 Soudan
1972 Congo
1974 Zaïre
1976 Maroc
1978 Ghana
1980 Nigeria
1982 Ghana
1984 Cameroun
1986 Egypte
1988 Cameroun
1990 Algérie
1992 Côte d'Ivoire
1994 Nigeria
1996 Afrique du Sud
1998 Egypte
2000 Cameroun
2002 Cameroun

Coupes d'Europe des Clubs
– Coupe des Clubs champions –

1956 Real Madrid
1957 Real Madrid
1958 Real Madrid
1959 Real Madrid
1960 Real Madrid
1961 Benfica Lisbonne

1962 Benfica Lisbonne
1963 Milan A.C.
1964 Inter Milan
1965 Inter Milan
1966 Real Madrid
1967 Glasgow Celtic
1968 Manchester United
1969 Milan A.C.
1970 Feyenoord Rotterdam
1971 Ajax d'Amsterdam
1972 Ajax d'Amsterdam
1973 Ajax d'Amsterdam
1974 Bayern Munich
1975 Bayern Munich
1976 Bayern Munich
1977 F.C. Liverpool
1978 F.C. Liverpool
1979 Nottingham Forest
1980 Nottingham Forest
1981 F.C. Liverpool
1982 Aston Villa
1983 Hambourg H.S.V.
1984 F.C. Liverpool
1985 Juventus de Turin
1986 Steana Bucarest
1987 F.C. Porto
1988 P.S.V. Eindhoven
1989 Milan A.C.
1990 Milan A.C.
1991 Etoile rouge de Belgrade
1992 F.C. Barcelone
1993 Olympique de Marseille
1994 Milan A.C.
1995 Ajax d'Amsterdam
1996 Juventus de Turin
1997 Dortmund
1998 Real Madrid
1999 Manchester United
2000 Real Madrid
2001 Bayern Münich

– Coupe des Vainqueurs de coupe –

1961 A.C. Fiorentina
1962 Atletico Madrid
1963 Tottenham Hotspur
1964 Sporting Club Lisbonne
1965 West Ham United
1966 Borussia Dortmundt
1967 Bayern Munich
1968 Milan A.C.
1969 Slovan Bratislava
1970 Manchester City
1971 Chelsea
1972 Glasgow Rangers
1973 Milan A.C.
1974 F.C. Magdeburg
1975 Dynamo de Kiev
1976 S.C. Anderlecht
1977 Hambourg S.V.
1978 S.C. Anderlecht
1979 F.C. Barcelone
1980 Valence
1981 Dynamo de Tbilissi
1982 F.C. Barcelone
1983 Aberdeen
1984 Juventus de Turin
1985 Everton
1986 Dynamo de Kiev
1987 Ajax d'Amsterdam
1988 F.C. Malines
1989 F.C. Barcelone
1990 Sampdoria de Gênes
1991 Manchester
1992 Brême
1993 Parme
1994 Arsenal
1995 Saragosse
1996 Paris Saint-Germain
1997 F.C. Barcelone
1998 Chelsea
1999 Lazio Rome

Cette épreuve ne se joue plus depuis 1999.

– Coupe de l'U.E.F.A. –

1955-1958 F.C. Barcelone
1958-1960 F.C. Barcelone
1960-1961 A.S. Rome
1961-1962 Valence
1962-1963 Valence
1963-1964 Real Saragosse
1964-1965 Ferencvaros
1965-1966 F.C. Barcelone
1966-1967 Dynamo de Zagreb
1967-1968 Leeds United
1968-1969 Newcastle United
1969-1970 Arsenal
1970-1971 Leeds United
1971-1972 Tottenham Hotspur
1972-1973 F.C. Liverpool
1973-1974 Feyenoord Rotterdam
1975 Mönchengladbach
1976 F.C. Liverpool
1977 Juventus de Turin
1978 P.S. Eindhoven
1979 Mönchengladbach
1980 Eintracht Francfort
1981 Ipswitch Town
1982 I.F.K. Göteborg
1983 S.C. Anderlecht
1984 Tottenham

1985 Real Madrid
1986 Real Madrid
1987 I.F.K. Göteborg
1988 Bayer Leverkusen
1989 Naples
1990 Juventus de Turin
1991 Inter de Milan
1992 Ajax d'Amsterdam
1993 Juventus de Turin
1994 Inter de Milan
1995 Parme
1996 Bayern de Munich
1997 Schalke 04
1998 Inter Milan
1999 Parme
2000 Galatasaray
2001 Liverpool

Championnat d'Europe des Nations

1960 U.R.S.S.
1964 Espagne
1968 Italie
1972 R.F.A.
1976 Tchécoslovaquie
1980 R.F.A.
1984 France
1988 Pays-Bas
1992 Danemark
1996 Allemagne
2000 France

PALMARÈS NATIONAL

Championnat de France professionnel de première division

1933 Lille O.S.C.
1934 F.C. Sète
1935 F.C. Sochaux-Montbéliard
1936 R.C. Paris
1937 Olympique de Marseille
1938 F.C. Sochaux-Montbéliard
1939 F.C. Sète
1940 Rouen, Nice et Girondins de Bordeaux
1941 Red Star et Olympique de Marseille
1942 Stade de Reims et F.C. Sète
1943 Lens et Toulouse F.C.
1944 Artois-Lens
1945 Rouen et Olympique Lyonnais
1946 Lille O.S.C.
1947 C.O. Roubaix-Tourcoing
1948 Olympique de Marseille
1949 Stade de Reims
1950 Girondins de Bordeaux
1951 O.G.C. Nice
1952 O.G.C. Nice.
1953 Stade de Reims
1954 Lille O.S.C.
1955 Stade de Reims
1956 O.G.C. Nice
1957 Saint-Etienne
1958 Stade de Reims
1959 O.G.C. Nice
1960 Stade de Reims
1961 A.S. Monaco
1962 Stade de Reims
1963 A.S. Monaco
1964 A.S. Saint-Etienne
1965 F.C. Nantes
1966 F.C. Nantes
1967 A.S. Saint-Etienne
1968 A.S. Saint-Etienne
1969 A.S. Saint-Etienne
1970 A.S. Saint-Etienne
1971 Olympique de Marseille
1972 Olympique de Marseille
1973 F.C. Nantes
1974 A.S. Saint-Etienne
1975 A.S. Saint-Etienne
1976 A.S. Saint-Etienne
1977 F.C. Nantes
1978 A.S. Monaco
1979 R.C. Strasbourg
1980 F.C. Nantes
1981 A.S. Saint-Etienne
1982 A.S. Monaco
1983 F.C. Nantes
1984 Girondins de Bordeaux
1985 Girondins de Bordeaux
1986 Paris Saint-Germain
1987 Girondins de Bordeaux
1988 A.S. Monaco
1989 Olympique de Marseille
1990 Olympique de Marseille
1991 Olympique de Marseille
1992 Olympique de Marseille
1993 Olympique de Marseille suspendu
1994 Paris Saint-Germain
1995 F.C. Nantes
1996 Auxerre
1997 A.S. Monaco
1998 R.C. Lens
1999 Girondins de Bordeaux
2000 A.S. Monaco
2001 F.C. Nantes

Coupe de France (ex-coupe Charles-Simon)

1917-1918 Olympique de Pantin
1918-1919 C.A.S.G. (Paris)
1919-1920 C.A. Paris

1920-1921	Red Star Club
1921-1922	Red Star Club
1922-1923	Red Star Club
1923-1924	Olympique de Marseille
1924-1925	C.A.S.G. Paris
1925-1926	Olympique de Marseille
1926-1927	Olympique de Marseille
1927-1928	Red Star Olympique
1928-1929	S.O. Montpelliérain
1929-1930	F.C. Sète
1930-1931	Club Français
1931-1932	A.S. Cannes
1932-1933	Excelsior A.C.
1933-1934	F.C. Sète
1934-1935	Olympique de Marseille
1935-1936	R.C. Paris
1936-1937	F.C. Sochaux
1937-1938	Olympique de Marseille
1938-1939	R.C. Paris
1939-1940	R.C. Paris
1940-1941	Girondins A.S.P.
1941-1942	Red Star Olympique
1942-1943	Olympique de Marseille
1943-1944	Equipe de Lorraine
1944-1945	R.C. Paris
1945-1946	Lille O.S.C.
1946-1947	Lille O.S.C.
1947-1948	Lille O.S.C.
1948-1949	R.C. Paris
1949-1950	Stade de Reims
1950-1951	R.C. Strasbourg
1951-1952	O.G.C. Nice
1952-1953	Lille O.S.C.
1953-1954	O.G.C. Nice
1954-1955	Lille O.S.C.
1955-1956	U.A. Sedan
1956-1957	Toulouse F.C.
1957-1958	Stade de Reims
1958-1959	Havre A.C.
1959-1960	A.S. Monaco
1960-1961	U.A. Sedan
1961-1962	A S. Saint-Etienne
1962-1963	A.S. Monaco
1963-1964	Olympique Lyonnais
1964-1965	Stade Rennais
1965-1966	R.C. Strasbourg
1966-1967	Olympique Lyonnais
1967-1968	A.S. Saint-Etienne
1968-1969	Olympique de Marseille
1969-1970	A.S. Saint-Etienne
1970-1971	Stade Rennais
1971-1972	Olympique de Marseille
1972-1973	Olympique Lyonnais
1973-1974	A.S. Saint-Etienne
1974-1975	A.S. Saint-Etienne
1975-1976	Olympique de Marseille
1976-1977	A. S. Saint-Etienne
1977-1978	A.S. Nancy Lorraine
1978-1979	F.C. Nantes
1979-1980	A.S. Monaco
1980-1981	S.E.C. Bastia
1981-1982	Paris Saint-Germain
1982-1983	Paris Saint-Germain
1983-1984	F.C. Metz
1984-1985	A.S. Monaco
1985-1986	Girondins de Bordeaux
1986-1987	Girondins de Bordeaux
1987-1988	F.C. Metz
1988-1989	Olympique de Marseille
1989-1990	Montpellier
1990-1991	Monaco
1991-1992	non décerné
1992-1993	Paris Saint-Germain
1993-1994	A.J. Auxerre
1994-1995	Paris Saint-Germain
1995-1996	Auxerre
1996-1997	O.G.C. Nice
1997-1998	Paris-Saint-Germain
1998-1999	F.C. Nantes
1999-2000	F.C. Nantes
2000-2001	R.C. Strasbourg

Coupe de la Ligue

1994-1995	Paris-Saint-Germain F.C.
1995-1996	F.C. Metz
1996-1997	R.C. Strabourg
1997-1998	Paris-Saint-Germain F.C.
1998-1999	R.C. Lens
1999-2000	F.C. Gueugnon
2000-2001	Olympique Lyonnais

BIBLIOGRAPHIE

- *L'Amour-foot*, revue Autrement, n° 80, mai 1986.
- Boniface (P.) (dir.), *Géopolitique du football*, Complexe, Paris, 1998.
- Bourgeade (P.), *Le football, c'est la guerre poursuivie par d'autres moyens*, Gallimard, Paris, 1981.
- Bromberger (C.), *Le Match de football*, Maison des Sciences de l'Homme, Paris, 1995.
- Chovaux (O.), *50 ans de football dans le Pas-de-Calais, fin XIXe siècle-1940*, Artois Presses Université, 2001.

- Collin (C.) et Sutter (M.), *Les Meilleurs du football*, Olivier Orban, Paris, 1978.
- Coutinho (E.), *Onze au Maracana* (recueil de nouvelles), Luneau Ascot, Paris.
- Delaunay (P.), Ryswick (J. de), Cornu (J.) et Vermand (D.), *Cent Ans de football en France*, Editions Atlas, 1989.
- *Le Football*, Encyclopédie des sports modernes, Union européenne d'édition, Kister-Schmid, Genève-Zurich, 1954.
- *Football, autres regards, soixante peintres et écrivains à la limite du hors-jeu*, Le Castor Astral, 1984.
- *La Gloire du football* (recueil de textes sur le football), préface de Jean Giraudoux, Aubier-Montaigne, Paris, 1933.
- Haldas (G.), *La Légende du football*, L'Age d'homme, Lausanne, 1982.
- Hélal (H.), Mignon (P.), *Football, jeu et société*, JNSEP, 25, 1999.
- *Joies du football*, dirigé par Rethacker (J.-Ph.) et Thibert (J.), Hachette-Réalités, Paris, 1973.
- Lenoir (R.) (dir.), Sociétés et représentations, *Football et sociétés*, CREDHESS, 7, 1998.
- Mercier (J.), *Le Football*, collection «Que sais-je?», PUF, Paris, 1973.
- Mignon (P.), *La Passion du football*, Odile Jacob, Paris, 1998.
- Rethacker (J.-Ph.) et Thibert (J.), *La Fabuleuse Histoire du football*, O.D.I.L., 1984.
- Rey (P-L.), *Le Football, vérité et poésie*, Hachette, Paris, 1979.
- Ryswick (J. de), *Histoire du football au fil d'un siècle*, Famot, Genève, 1979.
- *Vingtième Siècle*, numéro spécial sur le football, Presses de la Fondation nationale des Sciences politiques, avril-juin 1990.
- Wahl (A.) et Lanfranchi (P.), *Les Footballeurs professionnels de 1932 à nos jours*, Hachette, Paris, 1995.
- Wahl (A.), *Archives du football*, collection «Archives», Gallimard, Paris, 1989.

SITES INTERNET

Sites institutionnels :
- Fédération internationale de football association : www.fifa.com
- Union européenne de football association : www.uefa.com
- Fédération française de football : www.fff.fr
- Ligue nationale de football : www.lnf.fr

Sites de joueurs :
- Nicolas Anelka : www.nicolasanelka.net
- Fabien Barthez : www.fabienbarthez.net
- David Beckham : www.davidbeckhamsoccer.net
- Marcel Desailly : www.marcel-desailly.com
- Youri Djorkaeff : www.youridjorkaeff.com
- Luis Figo : luisfigo.hihome.com
- Bixente Lizarazu : www.bixentelizarazu.com
- Emmanuel Petit : www.emmanuelpetit.com
- Lilian Thuram : www.lilianthuram.com
- David Trezeguet : www.multimania.com/trezeguet
- Zinedine Zidane : www.zidane.fr

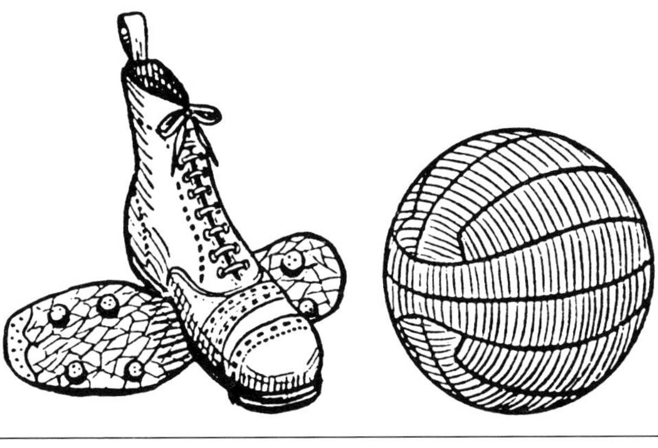

TABLE DES ILLUSTRATIONS

CHAPITRE III

CHAPITRE IV

CHAPITRE V

de la Coupe du monde, le 7 juillet 1998, au stade Vélodrome de Marseille.
96d Affiche de Joe Bridge pour la Coupe du monde de 1938.
97 Rassemblement de milliers de personnes sur les Champs-Elysées le 12 juillet 1998 pour fêter la victoire de l'équipe de France, Coupe du monde 1998.
98h Match Sénégal-Egypte le 20 janvier 2002 pour la Coupe d'Afrique des nations.
98b Bafana en Afrique du Sud.
99 Platini, match France-Hongrie le 9 juin 1986 au Mexique, Coupe du monde de 1986.
100h Equipe du Japon entourant son capitaine Ryuzo Motioka après le match Japon-Arabie Saoudite, le 29 octobre 2000.
100b Affiche de la Coupe du monde 2002, coll. Laget.
101 Supporter japonaise, le 20 juin 1998, au stade de la Beaujoire (44), match Japon-Croatie.
102h David Tréguézet, match France-Slovénie, le 26 avril 2000.
102b Figo, match Roumanie-Portugal, le 17 juin 2000.
103 Meijer et Silvestre, Manchester United Liverpool, le 4 mars 2000.
104h Supporter blessé à Madrid, match Real Madrid-German Borussia Dortmund, le 1er avril 1998.
104h Policiers essayant de séparer les supporters du Red Star Belgrade et du Partizan Belgrade sur le terrain, le 14 octobre 2000 à Belgrade ; le match a été annulé.
105 David Beckham à l'entraînement, le 16 juin 2000.
106 Victoire du P.S.G. avec Michel Denisot, match P.S.G.-Bordeaux, le 4 avril 1998, à Saint-Denis.
107 Zinedine Zidane, match France-Italie, le 2 juillet 2000.
108 Supporters du Racing Club de Lens fêtant la victoire de leur équipe au Championnat de France, le 9 mai 1998, à Lens.
109h La Une de *Onze Mondial*, septembre 2000.
109h L'équipe de France reçue à la F.F.F. : Jean-Claude Darmon, président de France Football, et Didier Deschamps, le 13 juillet 1998.
110 Finale de la Coupe du monde de football féminin, match Etats-Unis - Chine, le 10 juillet 1999, à Pasadena.
111 Match France-Algérie, le 6 octobre 2001, à Saint-Denis.
112 Daniel Amokachi, match Nigéria-Bulgarie, Coupe du monde, le 21 juin 1994, à Dallas.

TÉMOIGNAGES ET DOCUMENTS

113 «Comment on essaie d'arrêter un dribbling.»
119 Une foule anglaise en mars 1926 à la demi-finale de la Cup, Manchester United, à Sheffield.
120 Couverture du magazine *Le Point*, en juin 1983.
124 Plan d'un terrain de football.
126 Pelé le 13 juin 1961 à Colombes.
131 Zinedine Zidane, demi-finale France-Croatie, Mondial, le 4 juillet 1998.

INDEX

A

B

C

CRÉDITS PHOTOGRAPHIQUES

Agence de Presse Novosti, Paris 85. Agence France Presse, Paris 81h. AFP/Guez 97. AFP/Fife 98h. AFP/Godet 99. AFP/Haidar 100h. AFP/Breloer 104h. AFP/Pikula 104b. AFP/Limina 105. AFP/Guyot 106. AFP/Amalvy 112. AFP/Staff 126. AFP/Huguen 131. AISA, Barcelone 86g. Angel-Sirot, Paris 46-47, 76-77. Archiv für Kunst und Geschichte, Berlin 10, 72-73. Bildarchiv Preussischer Kulturbesitz, Berlin 49. Corbis-Tempsport-Sygma/Langevin 1, 6-7. Corbis-Sygma/Caron 4-5. Corbis-TempSport/Francotte, Paris 79. Corbis-TempSport/Renard 80-81m. Corbis-TempSport/Prévosto 94. Corbis-Sygma/Quemener 101. Corbis-Sygma 108. Corbis-Sygma/Cardinale 109b. Corbis-Sygma/Tore 110. Dagli-Orti, Paris 14b. D.R. 12-13b, 30, 44h, 60hg, 60hd. Edimédia, Paris 14h, 18-19. Edimédia/De Selva 36-37b, 66, 67b. Explorer/Mary Evans, Paris 26-27m, 26-27h, 26-27b. Farabola, Milan 80b, 92-93b. Gallimard/Encyclopédie de la Pléiade «Jeux et sports» 40h, 40-41b. Gallimard/V. Lever 71m. Gamma Sport, Paris 60b. Hulton-Deutsch Collection, Londres 16h, 24h, 24b, 50-51, 50b, 51, 91, 119. Keystone, Paris 9, 65b, 71h, 75g, 75d, 77b, 88. Collection S. Laget, Paris 25, 32-33h, 32-33b, 34, 35, 36-37h, 38-39h, 40-41h, 52h, 67h, 70, 118. Onze Mondial/Renard 98b. Onze Mondial 109h. Photothèque Perrin (D.R.), Vélizy 15, 29, 31, 56-57, 58h, 58b, 59, 61, 78, 93, 96g, 124. Presse-Sports, Issy-les-Moulineaux 1er plat, 63, 69b, 72g, 74-75b, 76, 82-83, 96d. Presse-Sports/Fel 2. Presse-Sports/Martignac 3, 107. Presse-Sports/Lablatinière 4, 102b. Presse-Sports/Francotte 95, 102h. Presse-Sports/Deschamps 100b. Presse-Sports/Graig 103. Presse-Sports/Rondeau 111. Rapho, Paris 88-89. Rapho/Doisneau, Paris 86-87. Rapho/Cuny 87. Roger-Viollet, Paris 13h, 28, 44bd, 44bg, 45, 54-55, 68-69. Salvat, Barcelone 62, 92. Sports Agence Magazine/Rimbourg 43b, 53. Tapabor, Paris dos. Tapabor/De Selva 17, 22-23, 34-35h, 47. Tapabor/Kharbine 1, 2-3, 4-5, 6-7, 11, 16b, 37b, 38hg, 38m, 38-39b, 40b, 42-43h, 48, 52b, 65h, 84, 113. Tapabor/Tweedy 20-21. Vandystadt, Paris 2e plat, 64, 90g, 90d.

REMERCIEMENT

L'éditeur remercie Serge Laget pour ses précieux services.

ÉDITION ET FABRICATION

DÉCOUVERTES GALLIMARD
COLLECTION CONÇUE PAR Pierre Marchand. DIRECTION Elisabeth de Farcy.
COORDINATION ÉDITORIALE Anne Lemaire. GRAPHISME Alain Gouessant.
SUIVI DE PRODUCTION Fabienne Brifault-Dandé. SUIVI DE PARTENARIAT Madeleine Gonçalves.
PRESSE Béatrice Foti et Pierre Gestède.

LA BALLE AU PIED, HISTOIRE DU FOOTBALL
EDITION Delphine Babelon et Charlotte Ecorcheville. MAQUETTE ET MONTAGE Vincent Lever et Pascale Comte. ICONOGRAPHIE Delphine Babelon. LECTURE-CORRECTION Ahmed Krachi. Photogravure SMDS et André Michel.

Table des matières